Übungsreihen für Geistigbehinderte
Heft A5 (Lehrgang Umgang mit
Mengen, Zahlen und Größen)

Susanne Dank
**Geistigbehinderte lernen den Umgang
mit dem Längenmaß**

Übungsreihen für Geistigbehinderte

- Konzepte und Materialien -

Lehrgang A: Umgang mit Mengen, Zahlen und Größen

Heft A 5

Susanne Dank

Geistigbehinderte lernen den Umgang mit dem Längenmaß

© 1991 verlag modernes lernen, Borgmann KG, D-44139 Dortmund
2., unveränd. Aufl. 1995

Gesamtherstellung: Löer Druck GmbH, Dortmund

 Bestell-Nr. 3609   ISBN 3-8080-0262-X

Urheberrecht beachten!

Alle Rechte der Wiedergabe, auch auszugsweise und in jeder Form, liegen beim Verlag. Mit der Zahlung des Kaufpreises verpflichtet sich der Eigentümer des Werkes, unter Ausschluß des § 53, 1-3, UrhG., keine Vervielfältigungen, Fotokopien und keine elektronische, optische Speicherung auch für den privaten Gebrauch, ohne schriftliche Genehmigung durch den Verlag, anzufertigen. Er hat auch dafür Sorge zu tragen, daß dies nicht durch Dritte geschieht. (Die Kopiervorlagen auf den Seiten 55-83 stehen dem Käufer dieses Werkes für den *nichtgewerblichen* Gebrauch zur Verfügung.)

Zuwiderhandlungen werden strafrechtlich verfolgt und berechtigen den Verlag zu Schadenersatzforderungen.

Inhaltsverzeichnis

Übungsreihen für Geistigbehinderte? Idee und Anliegen	Seite 7
Der Lehrgang Umgang mit Mengen, Zahlen und Größen (UMZG)	Seite 9
Die Übungsreihe „Geistigbehinderte lernen den Umgang mit dem Längenmaß"	Seite 10
Was heißt eigentlich „mit dem Längenmaß umgehen können"?	Seite 10
Allgemeines zum Begriff Länge	Seite 10
Das Messen von Längen	Seite 10
Zur korrekten Meßtechnik	Seite 11
Über welche Lernvoraussetzungen müssen die Schüler verfügen?	Seite 12
In welcher Schul- bzw. Altersstufe kann die Übungsreihe durchgeführt werden?	Seite 13
Die Lernziele der Übungsreihe	Seite 13
Wie ist die Übungsreihe aufgebaut?	Seite 13
Welche Unterrichtsmaterialien und Medien werden benötigt?	Seite 14
Tips und Bemerkungen	Seite 15
Literatur	Seite 15
Raum für individuelle Ergänzungen	Seite 15
Übungsfundus	Seite 17
Lernziel 1: Die Länge von Gegenständen im direkten Vergleich ermitteln können (Relationen bestimmen: gleichlang, kürzer, länger)	Seite 17
Lernziel 2: Repräsentanten zur Längenbestimmung einsetzen können	Seite 25
Lernziel 3: Längen mit einem Maß abmessen können	Seite 32
Lernziel 4: Konventionelle Meßgeräte kennenlernen und benutzen	Seite 40
Lernziel 4a: Mit dem Lineal umgehen können	Seite 41
Lernziel 4b: Mit dem Zollstock umgehen können	Seite 50
Lernziel 4c: Mit dem Maßband umgehen können	Seite 52
Anhang: Kopiervorlagen zur Herstellung von Bildkarten, Folien und Arbeitsblättern	Seite 55

Übungsreihen für Geistigbehinderte?

Idee und Anliegen

Leider sind Konzepte und Arbeitshilfen für die Förderung und den Unterricht mit Geistigbehinderten immer noch rar. Häufig beziehen sich Eltern, Lehrer und Erzieher in Ermangelung geeigneter Materialien auf Inhalte und Vermittlungsformen der herkömmlichen Kindergarten- und Schulpädagogik. Diese werden jedoch den speziellen Bedürfnissen geistigbehinderter Schüler nur selten gerecht.

Sei es, daß der Lernstoff im Schwierigkeitsgrad zu weit „oben" ansetzt, daß die Lernschritte zu rasch aufeinander folgen und die breite Übungspalette fehlt oder aber, daß Themen angeboten werden, die dem Alter und den Interessen Geistigbehinderter einfach nicht so recht entsprechen.

Dieses Manko versuchen die „Übungsreihen für Geistigbehinderte" aufzuarbeiten, indem hier *notwendige* und *praxisorientierte* Förderinhalte systematisch und umfassend abgehandelt werden.

Geistigbehinderte müssen mit Hilfe *besonders* strukturierter Lerninhalte auf ein weitgehend selbständiges Leben vorbereitet werden. Wie eine Förderung in diesem Sinne aussehen kann, dokumentieren die „Übungsreihen für Geistigbehinderte" anschaulich und nachvollziehbar.

Die Auswahl der Einzelthemen orientiert sich dabei am geistigbehinderten Schüler und seiner Lebensumwelt, fragt nach so wichtigen Entscheidungskriterien wie:

— Hat das Thema Relevanz für die aktuelle oder zukünftige Lebenssituation Geistigbehinderter?
— Nimmt es in notwendiger Weise Bezug auf vorhandene Sachzwänge und objektive Gesetzmäßigkeiten?
— Vergrößert der Lernstoff die Handlungskompetenz, erweitert er den Aktionsradius der Schüler?
— Orientiert sich der Lerngegenstand ausreichend an ihren individuellen Bedürfnissen und Interessen?

In den Sonderschulen für Geistigbehinderte werden die Erziehungs- und konkreten Lernziele innerhalb von *fachorientierten Lehrgängen* (Schaffung sachgerechter Grundlagen in den einzelnen Fachbereichen) und *Vorhaben/Projekten* (Anwendung der erworbenen Kenntnisse und Fähigkeiten in praxisorientierten Aufgabenfeldern) verfolgt.

Eine entsprechende Systematik liegt auch den „Übungsreihen für Geistigbehinderte" zugrunde.

Die „Übungsreihen für Geistigbehinderte" stellen Beiträge zu den *Lehrgängen*

— Sprache (Lesen und Schreiben)
— UMZG (Umgang mit Mengen, Zahlen und Größen)
— Arbeitslehre
  (Werktechnische Fächer, Hauswirtschaft)
— Sport
— Musik

in übersichtlichen Fördereinheiten vor. *Vorhaben* und *Projekte* werden in Form übertragbarer Dokumentationen für den Nachvollzug zugänglich gemacht.

Die Frage, für wen die „Übungsreihen für Geistigbehinderte" geschrieben werden, ist leicht zu beantworten: Für alle, die in der Förderarbeit mit Geistigbehinderten tätig sind — Lehrer, Erzieher, Eltern, Betreuer in Werkstätten, Heimen, Horten, Kindergärten, Freizeiten und Krankenhäusern.

Über Rückmeldungen und Kritik, Anregungen und Vorschläge von Leserseite würde ich mich als Herausgeberin der Hefte-Reihe sehr freuen. All jene, die mit ihrer Erfahrung, bisher geleisteter Unterrichtsarbeit, Materialiensammlungen und anderen Schätzen zum Gelingen der Reihe beitragen wollen, möchte ich ermutigen, sich an dieser Pionierarbeit zu beteiligen.

Susanne Dank

Der Lehrgang Umgang mit Mengen, Zahlen und Größen

Der Lehrgang UMZG ist häufig für Schüler und Lehrer gleichermaßen mit großen Frustrationen verbunden. Wie liebevoll auch immer hier die Materialien ausgewählt und Arbeitsblätter gemalt sein mögen, so müssen wir doch ständig die Erfahrung machen, daß das abstrakte Verständnis für mathematische Sachverhalte bei Geistigbehinderten häufig ausbleibt und es kein Vorwärtskommen gibt, wenn wir die Ebene des Konkreten verlassen.

Dabei steckt die Welt voller Zahlen, Mengen und Größen. Wir können nicht so tun, als ob das mathematische Wissen nebensächlich und bloßer Ballast wäre. Klammern wir diesen Bereich von vorneherein aus, lernen die Schüler weder die Uhr zu lesen noch mit Geld umzugehen. Kalender, Lineal, Meßbecher und Küchenwaage, ja sogar das Telefon, bleiben unverstanden und für die praktische Nutzung unzugänglich.

Um diesem Dilemma zu entgehen, muß innerhalb der Lehrgangs UMZG zweigleisig verfahren werden:

Einerseits langfristige und systematische Planung auf das Endziel einer möglichst umfassenden mathematischen Kompetenz hin. Andererseits Einteilung des Stoffes in überschaubare Abschnitte sowie Schulung engumgrenzter, vor allem aber pragmatischer Teilfertigkeiten.

Da von vorneherein absehbar ist, daß viele Schüler kein umfassendes Verständnis von Mengen, Zahlen und Größen erwerben können, muß der Unterricht von Anfang an so geplant werden, daß jede Übungseinheit mit einer *Handlungskompetenz* abschließt.

Nur so vermeiden wir das ermüdende, endlose Wiederholen mathematischer Grundlagen ohne wirklichen Erfolg.

Die mühsam antrainierten Wissensbruchstücke können im Lebensalltag der Schüler keinen Einsatz finden, solange sie nicht im Zusammenhang zu aktuellen und bedürfnisorientierten Tätigkeiten stehen. Erfolgreich und motivierend kann der Lehrgang UMZG nur dadurch werden, daß wir hier Lernziele anstreben, die als Lösungsstrategien auch über die einzelne Unterrichtsstunde hinaus anzuwenden sind.

Das durchaus notwendige Erarbeiten und Üben mathematischer Fundamente, wie z.B.

— Anbildung eines globalen Mengenverständnisses
— Klassifikationsleistungen
— Herstellen von Beziehungen und Zuordnungen
— Aufbau des Zahlenraumes
— Erwerb grundlegender Rechentechniken usw.

muß stets in einen Rahmen eingebettet sein, der ganz konkrete Lernerträge garantiert und nicht ausschließlich von der vagen Hoffnung lebt, „daß Rita vielleicht doch noch das Addieren lernt"!

Der Wunsch, geistigbehinderte Schüler durch den Lehrgang UMZG mit frei verfügbaren Handlungskompetenzen auszustatten, geht nur in Erfüllung, wenn gleichzeitig zur Schulung des mathematisch-analytischen Verständnisses ebenfalls Wege des *ganzheitlichen Erfassens* vermittelt werden und die Schüler die erworbenen Kenntnisse praktisch erproben, in lebensechten Situationen einüben und dadurch zu individuellen Fertigkeiten entwickeln können.

Im schulischen Alltag erreichen wir dies, indem wir den Lehrgang UMZG in *abgeschlossene Unterrichtsreihen* zergliedern, die parallel zum Aufbau der abstrakten Rechenfähigkeit ganz pragmatische Ziele verfolgen, d.h. die Schüler mit *konkreten Techniken* ausrüsten, die auch unabhängig von weiteren, aufbauenden Lernerfolgen sofort anwendbar sind.

Unter diesem Motto sind die Beiträge der „Übungsreihen für Geistigbehinderte - Lehrgang Umgang mit Mengen, Zahlen und Grössen" entstanden.

Zum Lehrgang Umgang mit Mengen, Zahlen und Größen bisher erschienen:

Übungsreihen für Geistigbehinderte Heft A1: Geistigbehinderte lernen die Uhr im Tagesablauf kennen.

Übungsreihe für Geistigbehinderte Heft A5: Geistigbehinderte lernen den Umgang mit dem Längenmaß.

Die Übungsreihe
„Geistigbehinderte lernen den Umgang mit dem Längenmaß"

Was heißt eigentlich „mit dem Längenmaß umgehen können"?

Allgemeines zum Begriff Länge

Länge beschreibt ebenso wie Farbe, Form, Volumen und Gewicht eine pysikalische Eigenschaft konkreter Gegenstände. Sie kann als lineare Ausdehung (Strecke) unterschiedlicher Quantität definiert werden, die durch Anfangs- und Endpunkt begrenzt ist. Obwohl der Größenbegriff Länge sich auf eine sinnlich wahrnehmbare Qualität von Objekten bezieht, handelt es sich bei ihm doch um eine recht anspruchsvolle gedankliche Abstraktion. Das Wahrnehmen und Erkennen von Länge setzt voraus, einen Gegenstand analytisch betrachten und ein bestimmtes Merkmal kognitiv ausgliedern zu können. Diese Leistung fällt geistigbehinderten Schülern oftmals sehr schwer, zumal nicht alle Dinge sichtbare Linien oder Kanten aufweisen, die deren Längen repräsentieren.

Daß jeder Gegenstand *unterschiedliche* Längen beinhaltet, die letztlich Fläche, Form und Volumen konstituieren und deren Raumlagebeziehung durch die Begriffe Höhe, Tiefe, Breite dargestellt wird, macht auf ein weiteres Problem bei der Längenerfassung aufmerksam.

Bei Gegenständen wie z.B. Tisch und Fenster, Buch und Stift können die Längen sowohl visuell wahrgenommen als auch taktil (etwa durch Entlangfahren mit dem Finger an den Kanten) erfaßt und nachvollzogen werden. Dies ist bei anderen Objekten nicht oder nur im übertragenen Sinne möglich, d.h. daß die Längen vieler Gebilde erst über eine (mentale) Hilfskonstruktion zu ermitteln sind. Bei der Körpergröße oder bei der Höhe eines Baumes handelt es sich um solche vorgestellten Längen (Linie vom Scheitelpunkt bis zum Boden).

Auch *Entfernungen* sind gedachte Längen (vorgestellte Verbindungen zwischen Punkten) und daher von vielen Schülern nur schwer zu begreifen. Das Sichtbarmachen einer solchen Strecke durch Markierungen, Schnüre, Papierstreifen oder das motorische Umsetzen des Abstandes durch Abschreiten kann hier zum besseren Verständnis beitragen.

Das Messen von Längen

Die Längenbestimmung bedient sich stets der *Methode des Vergleichs*, ein kognitiver Vorgang, den geistigbehinderte Schüler sich häufig erst schrittweise erarbeiten müssen. (vgl. dazu Miessler, M., Bauer, I.: Wir lernen denken; Würzburg 1978). Das sogenannte Augenmaß stellt einen *verinnerlichten* Vergleich und Meßprozess dar, dem jedoch viele Menschen gerne durch eine kleine Eselsbrücke (Verwendung von Körpermaßen wie Fingerspanne, Schritt) Objektivität verleihen. Die weit verbreitete Unsicherheit beim Schätzen von Entfernungen weist darauf hin, daß das exakte Beurteilen von Längen sehr schwierig ist, sobald bestimmte Größenordnungen überschritten werden und wir z.B. unseren Körper nicht mehr als Vergleichsobjekt einsetzen können.

Die Unterrichtsangebote zum Bereich Länge müssen sich aus den genannten Gründen streng an der *entwicklungsmäßigen Hierarchie* aufeinander aufbauender Leistungen orientieren, da sich sonst bei den Schülern kein echtes Verständnis für das Abstraktum Länge entwickeln kann.

Bei der Ermittlung von Längen durch den Vergleich umfaßt die einfachste Stufe das direkte Gegenüberstellen konkreter Gegenstände, wobei zunächst immer zwei Objekte derselben Art (z.B. Stöcke, Latten, Röhren, Stricknadeln, Stifte) mit dominantem Längenmerkmal verglichen werden. Darauf aufbauend können unterschiedliche Dinge betrachtet und „Kante an Kante" gelegt werden (Buch und Heft, Bauklotz und Legostein). Im letzten Schritt schließlich werden Gegenstände verglichen, deren Längen wenig anschaulich sind und „mental" erkannt bzw. mit Hilfskonstruktionen erschlossen werden müssen (z.B. Becher und Tasse, Flasche und Büchse, Puppe und Teddy).

Auf der nächsten Stufe können Objekte mit Hilfe von Repräsentanten (Schnur, Pappstreifen, Holzlatte, Klebestreifen) dargestellt und verglichen werden („Ich bin so groß wie der rote Pappstreifen", „Das Brett ist so lang wie diese Schnur").

Erst nachdem den Schülern der Vorgang dieser Repräsentierung klar geworden ist, sollte auf der dritten Stufe das „eigentliche" Messen mit verschiedenen unnormierten Maßen (z.B. Körpermaßen), mit selbsterstellten Instrumenten („unsere Meßlatte") und danach schließlich mit konventionellen Meßgeräten (Maßband, Zollstock, Lineal) eingeführt werden.

Während durch den direkten Längenvergleich zweier Objekte bzw. Repräsentanten nur die Relationen *länger als*, *kürzer als* und *gleichlang* bestimmt werden können, liegt dem konventionellen Messen eine normierte Maßeinheit (z.B. Meter) zugrunde. Dabei muß der zu messende Gegenstand lückenlos und überlappungsfrei mit der Maßeinheit „ausgelegt" und die Anzahl der Einheiten abgezählt werden. Das Meßergebnis wird durch eine Maßzahl (z.B. 21)

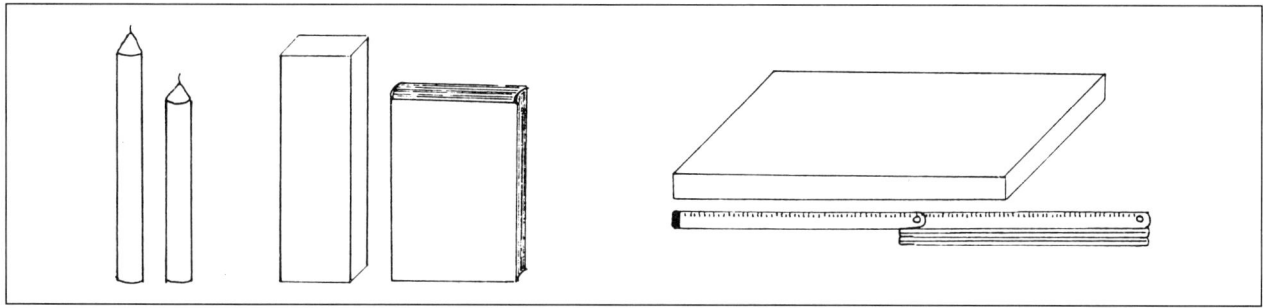

sowie durch die benutzte Maßeinheit (z.B. cm) dargestellt und ermöglicht erst in dieser Form das abstrakte Vergleichen sämtlicher Längen sowie den Einsatz aller Rechenoperationen.

Das Verständnis für Meßwerte bzw. Maßangaben wie z.B. 5 m, 30 cm, 8 km, 7 mm setzt nicht nur voraus, daß die Eigenschaft Länge erkannt und bei verschiedenen Gegenständen verglichen werden kann, sondern hier ist zusätzlich ein mathematisches Wissen erforderlich, das zumindest die Beherrschung des Hunderterraumes und das Begreifen des Dezimalsystems einschließt. In der Regel sind geistigbehinderte Schüler bei solchen Ansprüchen überfordert. Das heißt jedoch nicht, daß wir ihnen das korrekte Messen, wie es beispielsweise bei der Bearbeitung von Materialien sehr häufig notwendig wird, nicht beibringen könnten oder sollten. Viele Schüler können lernen, Zahlenwerte *ganzheitlich* aufzufassen und z.B. auf einem Lineal oder Zollstock wiederzufinden. Die Meßgeräte werden in diesem Fall als „Schablonen" benutzt, deren Übersichtlichkeit durch individuelle Markierungen noch verbessert werden kann. Mit Hilfe dieser Technik versetzen wir die Schüler in die Lage, z.B. Strecken abzutragen (Hölzer längen) oder Abstände zu markieren (z.B. für Bohrlöcher), ohne auf ein *umfassendes* Zahlenverständnis angewiesen zu sein. Durch den häufigen Umgang mit den Meßinstrumenten lernen manche Schüler „qua Gewohnheit", sich ökonomisch bei der Zahlensuche zu verhalten und entwickeln eigene Formen der Orientierung. Diese sollten auch dann unterstützt werden, wenn sie nicht auf das kognitive Überblicken des Zahlenstrahls in größerem Umfang hinauslaufen.

Es ist wichtig, sich zu vergegenwärtigen, daß auch die dem Messen mit konventionellen Meßinstrumenten vorgelagerten Techniken ihren Stellenwert im Lebensalltag haben und zu einer größeren Selbständigkeit der Schüler beitragen. Wir dürfen uns daher keine grauen Haare wachsen lassen, wenn für manche Schüler das Reich der Zahlen ein ewiges Rätsel bleibt, sie dafür aber akurat mit Repräsentanten und Schablonen umgehen können.

Zur korrekten Meßtechnik

Selbst für das „pragmatische" Messen, das bei geistigbehinderten Schülern oftmals die einzige Möglichkeit darstellt, mit Längenmaßen sinnvoll umzugehen, ist eine sehr exakte Meßtechnik erforderlich, auf die wir daher allergrößtes Augenmerk richten sollten. Drei Meßkriterien müssen stets beachtet und entsprechend intensiv mit den Schülern erarbeitet werden:

- Das genaue Anlegen der Objekte an einer Grundfläche bzw. (u.U. gedachten) Grundlinie. (Bei der Verwendung von Meßgeräten betrifft dies die Übereinstimmung des Anfangspunktes der zu

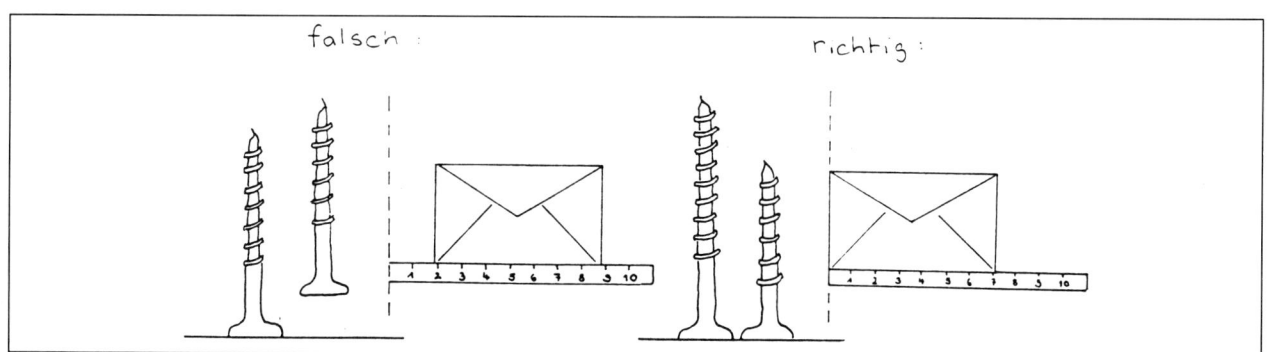

messenden Objektlänge mit der Nullmarkierung des Meßinstruments).
- Die Beachtung des rechten Winkels beim Anlegen (z.B. durch Ausnutzen waagerechter Flächen, rechtwinklig verlaufender Kanten und Linien). Hier leistet das Winkelmaß (auch ohne Skalierung) wertvolle Dienste.

- Das Abmessen der „maximalen Ausdehnung" einer Länge (wichtig bei „instabilen" Objekten wie Stoffen, Bändern, jedoch auch beim Abmessen der Körpergröße).

Werden diese Punkte von Anfang an bedacht, gründlich entwickelt und in vielfältigen Situationen eingeübt und gefestigt, so können wir geistigbehinderte Schüler beim Messen im pragmatischen Bereich zu größtmöglicher Selbständigkeit führen.

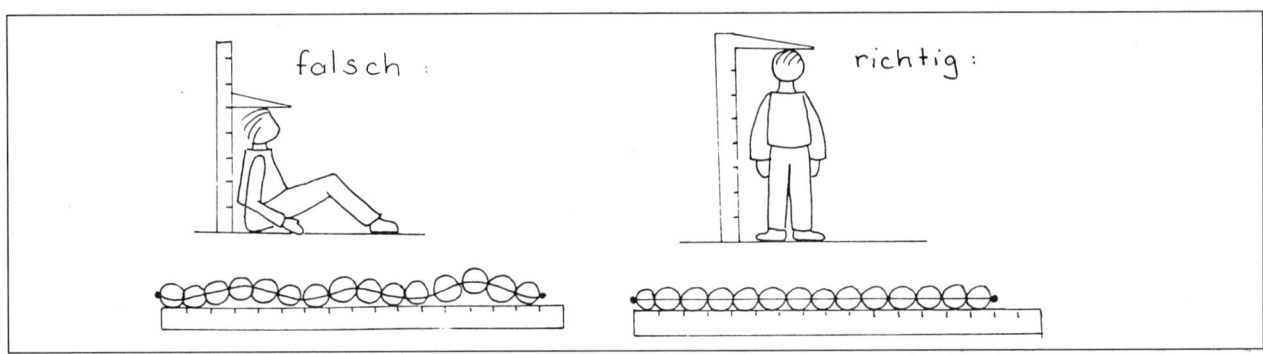

Über welche Lernvoraussetzungen müssen die Schüler verfügen?

Die Übungsreihe „Wir lernen den Umgang mit dem Längenmaß" ist nur sinnvoll durchzuführen, wenn bereits auf eine Reihe von Lernvoraussetzungen bei den Schülern aufgebaut werden kann. Falls die genannten Grundlagen in den einzelnen Bereichen noch nicht ausreichend abgesichert sind, bedeutet dieser Unterrichtsgegenstand eine Überforderung und muß durch andere Maßnahmen (z.B. Wahrnehmungs- und Kognitionsförderung) erst vorbereitet werden. Motorische Defizite schränken das sichere Messen mit herkömmlichen Meßinstrumenten zwar oftmals gravierend ein, sie können durch mediale Hilfen jedoch teilweise kompensiert werden und müssen nicht zwangsläufig zur Unselbständigkeit des Schülers führen.

Sprachlicher Bereich:

- Beherrschen von Merkmals- und Vergleichsbegriffen (groß/klein, hoch/tief, lang/kurz, weit/nah, dick/dünn, gleich/verschieden)
- Verbale und/oder gestisch-mimische Ausdrucksfähigkeit bezüglich einfacher Sachverhalte, Zusammenhänge, Zuordnungen und Vergleiche
- Verstehen einfacher Erklärungen, Beschreibungen, Arbeitsanweisungen und Handlungsaufforderungen

Visuelle Wahrnehmung:

- Figur-Grund-Unterscheidung
- Auge-Hand-Koordination
- Erkennen der Raumlage eines Körpers
- Erkennen bildhafter Darstellungen/Symbole

Motorik:

- Entwicklung differenzierter Greiffunktionen der Hand
- Fertigkeit, einfache Werkzeuge, Meßinstrumente und Schreibgeräte zu halten und zu führen

Kognitiver Bereich:

- Fähigkeit zum Ausgliedern von Gegenstandsmerkmalen

- Grundlegende Abstraktionsleistungen
- Erfassen von Unterschieden und Gemeinsamkeiten durch den Vergleich
- Orientierung an optischen Zeichen als Informationsträger mit bestimmten Inhalten (z.B. Markierungen, Zahlen, Punkte, Linien)
- Verständnis für einfache Regeln und Beziehungen

Nicht notwendig aber hilfreich sind:
- die Kenntnis der Ziffern und ein umfassenderes Zahlenverständnis

Allgemeines Arbeitsverhalten:
- Motivationsbereitschaft
- Konzentrationsfähigkeit bezüglich einfacher Aufgabenstellungen und Arbeitsformen
- Sorgfalt bei der Ausführung einfacher Techniken

In welcher Schul- bzw. Altersstufe kann die Übungsreihe durchgeführt werden?

Bereits in der Vor- und Unterstufe muß auf das spätere korrekte Messen von Gegenständen hingearbeitet werden, indem wir mit den Schülern z.B. Gegenstände nach bestimmten Merkmalen ordnen, sortieren und dadurch Klassifikationsleistungen und Vergleiche anregen. Die oben aufgeführten Lernvoraussetzungen können von vielen Schülern jedoch frühestens im Bereich der Mittelstufe erbracht werden. Häufig bekommt das Thema sogar erst in der Oberstufe Relevanz, wenn die Schüler sich bei der Herstellung bestimmter Gegenstände in einzelnen Vorhaben immer wieder mit der Notwendigkeit des Abmessens konfrontiert sehen. Unabdingbar erscheint der Unterrichtsgegenstand für die Werkstufe, falls bis dahin noch keine systematische Einführung in den Umgang mit dem Längenmaß stattgefunden hat. In der Werkstatt für Behinderte wird zu recht immer wieder beklagt, daß den Schulabgängern gerade jene grundlegenden Arbeitstechniken wie das Messen nicht oder nur unzureichend vertraut sind, obwohl die individuellen Voraussetzungen der geistigbehinderten Jugendlichen ein Erlernen durchaus gestattet hätten. In fast allen Arbeitsbereichen der WfG sind diese Kompetenzen jedoch erforderlich und müssen deshalb spätestens hier ausgebildet werden.

Die Lernziele der Übungsreihe

LZ 1:
Die Länge von Gegenständen im direkten Vergleich ermitteln können (Relationen bestimmen: gleichlang, kürzer, länger)

LZ 2:
Repräsentanten zum Längenvergleich einsetzen können

LZ 3:
Längen mit einem Maß abmessen können

LZ 4:
Konventionelle Meßgeräte kennenlernen und benutzen

4a) Mit dem Lineal umgehen können
4b) Mit dem Zollstock umgehen können
4c) Mit dem Maßband umgehen können

Wie ist die Übungsreihe aufgebaut?

Die Übungsreihe setzt sich aus mehreren Teilschritten zusammen. Für jeden Schritt steht ein Lernziel, das die Schüler mit einer praktischen Fertigkeit ausstatten soll. Die vier Lernziele sind hierarchisch aufeinander bezogen und müssen daher in der genannten Reihenfolge erarbeitet werden. Selbstverständlich kommt es bei der Durchführung der Übungen und Vorhaben gelegentlich auch zu einer Überschneidung der Zielschwerpunkte. Das heißt, daß bereits Momente des nachfolgenden Zieles angesprochen werden, obwohl eine systematische Erarbeitung erst zu einem späteren Zeitpunkt erfolgt.

Wie weit die Lernziele mit einem einzelnen Schüler sinnvollerweise verfolgt werden können, ist an seinen individuellen Lernfortschritten innerhalb der Reihe gut abzulesen. Einzelne Schüler kommen erfahrungsgemäß nicht über die Beherrschung der in Lernziel 2 angesprochenen Leistungen hinaus. In diesem Fall nutzen wir die Übungen und Vorhaben der nachfolgenden Lernziele unter dem Gesichtspunkt der Absicherung und Festigung aus. Wir machen es uns dabei zunutze, daß die meisten Themenvorschläge zur Verfolgung *verschiedener* Lernziele eingesetzt werden können. Dies trifft in besonderem Maße bei den Angeboten für Lernziel 2, 3 und 4 zu. Geringe Variationen bei der Medienpräsentation machen es z.B. möglich, einen Gegenstand sowohl mit Hilfe von Repräsentanten als auch mit einem konventionellen Meßgerät herzustellen. Da fast alle Klassen eine mehr oder weniger heterogene Leistungsstruktur aufweisen, müssen die verschiedenen Unterrichtsangebote ohnehin stets differenzierend vermittelt werden. Einige Anregungen und Vorschläge sind aus den jeweiligen Beschreibungen der Übungen und Vorhaben zu ersehen.

Ein „Quer-Einstieg" in die Übungsreihe,- falls die Schüler bereits über eine Reihe von Vorerfahrungen verfügen -, ist ebenso möglich, wie das Verfolgen der vier Lernziele in zeitlich deutlich voneinander getrennten Unterrichtsreihen. Auch die im Lernziel 4 genannten Meßgeräte können durchaus sehr sinnvoll unabhängig voneinander und in beliebiger Abfolge eingeführt werden.

Beim Durchlaufen der einzelnen Schritte ist vor allem darauf zu achten, daß die Schüler auf jeder Stufe neu an die *sorgfältige Ausführung* der Meßtechnik herangeführt werden, damit sich das korrekte Messen zur festen Gewohnheit ausbilden kann.

Während die ersten drei Lernziele vor allem in stark eingegrenzten Übungssituationen angestrebt werden, die jedoch stets handlungsbetont, möglichst lebensecht oder durch den Einbezug spielerischer Elemente motivierend und sinnerfüllt sein müssen, bietet sich für das Lernziel 4 schwerpunktmäßig ein projekt - bzw. vorhabenorientiertes Vorgehen an.

Zum besseren Begriffsverständnis: Unter *Vorhaben* wird im folgenden nicht verstanden, daß jeder Schritt von den Schülern selbst geplant und dokumentiert werden muß und sie den Unterricht ausschließlich selbständig organisieren sollen. Wenn hier von Vorhaben die Rede ist, bedeutet dies in erster Linie eine *thematische* Entscheidung. Die Auswahl der Vorhabeninhalte erfolgt dabei unter dem Gesichtspunkt, Anlässe zu schaffen, *im ganzheitlichen Kontext* ein *realitätsgerechtes Handlungsprodukt* zu erstellen, bei dessen Verwirklichung die Schüler *schwerpunktmäßig* ihr bisheriges Wissen zu einem *bestimmten* Bereich *anwenden* und *vertiefen* können. Dies ist keinesfalls so zu deuten, daß die Förderung der Planungskompetenz, sowie des Arbeits- und Sozialverhaltens als langfristige Intentionen nicht permanent mitverfolgt werden können. Eine Überbetonung der *Projektmethode* kann jedoch dazu führen, daß sowohl die o.g. Zielsetzungen wie andererseits auch die produktbedingten Inhalte des durchgeführten Vorhabens (z.B. Materialbeschaffung, spezielle Werktechniken) soviel Raum beanspruchen, daß für die Entwicklung und Festigung der angestrebten Kompetenzen im Umgang mit dem Längenmaß zu wenig Anlässe und Übungsmöglichkeiten angeboten werden. Wird auf diesen Punkt zu wenig Rücksicht genommen, kann es passieren, daß die Schüler auf der Stufe der Anbahnung steckenbleiben. Haben sie nur in komplexen Einzelsituationen Ausschnitte des sachimmanenten Lernaufbaus erfahren, können sie aufgrund der fehlenden Fundamente keine Transferleistungen erbringen. (Dies als kleine Randbemerkung und *Warnung* vor einem *unreflektierten* „Gebrauch" des so „in Mode" gekommenen Projekt - bzw. vorhabenorientierten Unterrichts.)

Um ein möglichst großes Spektrum denkbarer Lernsituationen aufzuzeigen, sind im folgenden zu den einzelnen Lernschritten bzw. Zielen verschiedenste Übungen, Spiele, Handlungssituationen und Vorhaben zusammengestellt. Diese lassen sich je nach Lernausgangslage der einzelnen Schüler oder Lerngruppen auswählen und zu individuellen Lerneinheiten kombinieren. Dabei ist jedoch der innere Zusammenhalt einzelner Übungen zu berücksichtigen (vgl. vor allem Lernziel 3). Soweit möglich, erfolgt die Nennung der Vorschläge nach aufsteigendem Schwierigkeitsgrad bzw. unter dem Gesichtspunkt einer sinnvollen und logischen Reihenfolge.

Welche Unterrichtsmaterialien und Medien werden benötigt?

Der Medienaufwand für diese Unterrichtsreihe ist nicht gering. Es handelt sich dabei jedoch nicht um Lehrmittel, die neu beschafft, teuer bezahlt oder vom Lehrer selbst angefertigt werden müssen. Vielmehr arbeiten wir fast ausschließlich mit alltäglichen Gebrauchsgegenständen die sowieso an der Schule zur Verfügung stehen oder die wir von zu Hause mitbringen (Röhren, Dosen, Stricknadeln, Häkelhaken, Spaghettis, Flaschen) sowie mit den vorhandenen Spielsachen (Klötze, Legosteine, Fischer-Technik) und Arbeitsmitteln (Stifte, Etui, Ordner, Hefte) der Schüler.

Die Meßinstrumente stellen wir entweder gemeinsam mit den Schülern her (Lineal, Winkelmaß, Meterstock), entleihen sie für den Zeitraum der Übungsreihe vom Werklehrer oder lassen sie von den Schülern anschaffen. Maßbänder (1 m) können aus jedem Möbelmarkt kostenlos besorgt werden. Sparkassen geben Lineale und Geo-Dreiecke als Werbegeschenke aus.

Für einzelne Übungen und vor allem für die Vorhaben werden selbstverständlich die unterschiedlichsten Materialien (Papier, Pappe, Holz, Wolle etc.) benötigt, die jedoch zur Grundausstattung einer jeden Schule gehören dürften.

Mit Hilfe der Kopiervorlagen können Spiel- und Übungsmaterialien, Arbeitsblätter und Arbeitsanleitungen angefertigt werden, wobei wir die Übungsmöglichkeiten, die für die Schüler gerade auch in der Herstellung der Medien liegen, voll ausschöpfen sollten. Mit den Arbeitsblättern und teils verschriftlichten, teils symbolisierten Arbeitsanweisungen führen wir die Schüler sinnvoll an ein weitgehend eigenbestimmtes und selbständiges Arbeiten heran (Stillarbeit/Freie Arbeit).

Tips und Bemerkung:

Die wichtigsten methodischen Hinweise zur Durchführung der Übungsreihe finden sich direkt bei den Anregungen zu den einzelnen Lernzielen bzw. sind diesen an passendem Ort vorangestellt. An dieser Stelle soll lediglich ein terminologisches Problem angesprochen werden.

Bei der Benennung von Längen haben wir es mit einer Vielzahl unterschiedlicher (Vergleichs-) Begriffe zu tun (dick/dünn, hoch/tief, schmal/breit, eng/weit, nah/fern etc.). Insbesondere eine verfrühte Verwendung der raumlageanzeigenden Längenbegriffe Höhe, Tiefe, Breite kann manche Schüler in große Verwirrung stürzen. Um den Schülern die notwendige Abstraktionsleistung in bezug auf die Länge zu erleichtern, sollten daher zunächst nur die Bezeichnungen lang, kurz, ihre Steigerungsformen und der Begriff gleichlang eingeführt werden. Dies korrespondiert mit Übungen, bei denen es nur auf *eine* (und zwar die *dominante*) Länge an einem Gegenstand ankommt. Sobald die Körperlänge gemessen wird, haben wir auch die Begriffe groß und klein zu akzeptieren, da sie im Umgangssprachlichen verankert sind. Zu einem Zeitpunkt, an dem wir unser Augenmerk auf mehrere Längen an einem Gegenstand richten (z.B. Kanten erkennen, ein Regal bauen) werden die Raumlagebegriffe jedoch erforderlich und müssen dann sorgfältig mit den Schülern erarbeitet werden.

Raum für individuelle Ergänzungen:

Literatur:

Bleckmann, R.: Textilgestaltung in der Grundschule, 80 Auxilia didactica Bd. 12; Frankonius

lernen konkret 1/85: Arbeiten mit Holz

lernen konkret 1/88: Mengen, Zahlen und Größen im pränumerischen Bereich; v.a. S. 21 und 27

Miessler, M., Bauer, I.: Wir lernen denken, Würzburg 1978

Mioo, H., Mioo, M.: Textiles Werken für Kinder von 5 bis 12 Jahren. Leitfaden für die Schule und daheim; Burgbücherei Schneider 1985

Praxis-Info G 2/88: Schwerpunktthema Rechnen; Bezug bei: Selbstverlag Michael Rehberger & Fritz Riedel, Armsündersteige 61, 7100 Heilbronn, Tel. 0 71 31 / 56 24 37

Pollard, U.: Fachkunde Holz 1, 2 und 3 (Reihe: Ausbildung aktiv; Hrsg. Scharff, G.) Bad Honnef, Verlag Dürr & Kessler

Sandtner, H.: Schöpferische Textilarbeit; Auer - Verlag 1978

Schmitz, G., Scharlau, R.: Mathematik als Welterfahrung, Rheinbreitbach 1985; v.a. S. 132 ff und S. 189

Schreier, K.: Kreatives Arbeiten mit Textilien; Köln 1977

Staatsinstitut für Schulpädagogik München (Hrsg.): Lehrplan und Materialien für den Unterricht in der SfG, München o.J.; Bezug bei: Alfred Hintermaier, Edlingerplatz 4, 8000 München 90, Tel. 089/651 5545

Stamm, M.; Strohmeier, A.: Beispiele zur Textilgestaltung; Schöningh 1979

Stamm, M.; Strohmeier, A.: Neue Beispiele zur Textilgestaltung; Burgbücherei Schneider 1984

Stuffer, G. u.a.: Leben lernen in der Schule - Unterricht mit Geistigbehinderten, München 1980; S. 133 ff Unterrichtsbeispiel: Umgang mit dem Lineal

Stuffer, G., Zeckel, F.: Werken in der Werkstufe - Praxisbeispiele aus dem Materialbereich Holz, Donauwörth 1980

Textil-Stunde: Lehrblätter für textiles Gestalten und Werken; ALS-Verlag, Frankfurt

Lernziel 1: Die Länge von Gegenständen im direkten Vergleich ermitteln können (Relationen bestimmen: gleichlang, kürzer, länger

Für Ihre Notizen
(Bewertungen/Variationen/Erweiterungen)

Bereits bei der Ermittlung von Längen im direkten Vergleich müssen wir auf die sorgfältige Einhaltung der o.g. Meßkriterien achten. Es empfiehlt sich, den Schülern das Messen zunächst in der Vertikale (von einer Grundfläche aus: Boden, Tischfläche) und daran anschließend erst in der Horizontale (Anlegen an einer Grundlinie) zu zeigen. Das „freihändige" Vergleichen in der Luft sollten wir vorerst vermeiden, da es in der Regel zu Ungenauigkeiten führt, solange sich die *konkrete Grundlinie* noch nicht als *gedachte Fixierungshilfe* in der Vorstellung der Schüler widerspiegelt. Es ist jedoch sehr wichtig, diverse Objekte wiederholt in verschiedenen Raumlagen vergleichen zu lassen, da sonst das spätere Messen mit Meßgeräten in beliebiger räumlicher Anordnung nicht vorbereitet wird. Um die Schüler zum problembewußten Umgang beim Längenvergleich hinzuführen, müssen sie immer wieder zum Erproben und Bewerten verschiedener Strategien sowie zum Nachdenken über mögliche Fehlerursachen und Gründe für Ungenauigkeiten ermuntert werden. Dazu gehört es auch, daß wir sie zum Schätzen von Längen anregen, um nach und nach ein Gefühl für die Maße der Objekte zu entwickeln.

Übung 1.1: „Paare finden"

Sitzkreis um Materialkiste, in der sich Paare längendominanter Gegenstände befinden (Trommelschlegel, Klanghölzer, Kerzen, Filzstifte, Nagelfeilen). Im ersten Schritt suchen die Schüler gleichlange (Begriffsbildung!) Paare heraus, indem sie sich global an der Farb- und Formidentität orientieren. Anschließend erhalten sie den Auftrag, die Paare durch Ertasten zusammenzustellen, wobei die Aufmerksamkeit bereits stark auf den Längenvergleich gelenkt wird.

Übung 1.2: „Paare angeln"

Sitzkreis um Karton. Die Schüler angeln sich je zwei (mit Büroklammern besteckte) Pappstreifen aus der Kiste und vergleichen durch nebeneinanderhalten bzw. -legen deren Länge. Gleichlange Streifen dürfen behalten werden. Sieger ist der Schüler mit den meisten Streifenpaaren.

Übung 1.3: „Das passende Gefäß finden"

Gruppentisch. Der Lehrer regt die Zuordnungen von Gefäß und Gegenständen an. Dabei werden die Schüler zum Schätzen der Längen ermuntert und bekommen durch die Handlung des Einpassens eine direkte Kontrolle:

- Spaghetti und Glasbehälter
- Zucker- oder Salzstangen und Dose
- Bleistifte und Kästchen
- Filzstifte und Etui
- Streichhölzer und Schachtel
- Zahnstocher und Döschen
- Schaschlikspieße und Hülle

Variationen: Wiederholung der Zuordnung mit verbundenen Augen.

Übung 1.4: Ratespiel „Wie ist das Ding in meiner Hand?"

Sitzkreis auf dem Boden oder um Tischfläche. Jeder Schüler erhält einen Bauklotz (Stab, Trinkhalm, Malstift o.ä.) identischer Länge. Der Lehrer zeigt drei Objekte derselben Art, die länger, kürzer bzw. gleichlang sind. Die Schüler vergleichen und nennen die entsprechenden Begriffe. Anschließend werden die Gegenstände in eine Kiste (Krabbelsack o.ä.) gesteckt und der Lehrer nimmt eines der Dinge in die Hand. Auf die Frage „Wie ist das Ding in meiner Hand?" raten die Schüler, ob es sich um das längere, kürzere oder gleichlange Objekt handelt. Haben alle Schüler ihre Vermutungen geäußert, wird der Gegenstand gezeigt und verglichen. Für die richtige Antwort erhalten die Schüler einen Punkt (Perle, Muggelstein). Der Sieger wird nach einigen Runden durch Auszählen ermittelt.

Variationen: Das Spiel kann reihum, „jeder gegen jeden" oder als Mannschaftsspiel durchgeführt werden. Alternativ wird die Rolle des Spielleiters von den Schülern übernommen. Ist den Schülern das Meßprinzip bei identischen Gegenständen bekannt, kann der Vergleich auf unterschiedliche Objekte ausgedehnt werden.

Übung 1.5: „Besteckkasten einräumen"

Arbeitsfläche. Für diese Übung werden Besteckkästen bzw. Schubladen mit Besteckfächern unterschiedlicher Größe (Länge) und dazu passende Besteckteile benötigt. Am sinnvollsten kann diese Ordnungsaufgabe in der Lehrküche mit den konkreten Materialien vor Ort durchgeführt werden. Dafür müssen die Schrankschubladen ggf. vom Lehrer vorher präpariert werden (Einsetzen von Trennleisten oder Kästchen, verschiedene Kartondeckel) - was für die Übersichtlichkeit jedoch ohnehin von Vorteil ist.

Die Schüler erfahren beim Sortieren des Eß- und Kochbestecks die Eigenschaft Länge zunächst lediglich im konkret handelnden Vollzug (Einpassen in die verschiedenen Fächer). Die Ergebnisse werden jedoch anschließend verglichen und kommentiert, wobei das Längenkriterium nun verbalisiert und den Schülern bewußt gemacht werden kann: „Die großen Löffel kommen in das lange Fach, die kleinen Löffel in das kurze"; „Der Kochlöffel paßt nicht in das kurze Fach, er paßt nur in das lange" usw.!

Variationen: Nach demselben Prinzip können die Schüler in folgenden Situationen zur pragmatischen Anwendung des Längenvergleichs angeregt werden:

- Einräumen von Büchern, Ordnern, Spielzeugkästen etc. in ein Regal mit unterschiedlichen Brettabständen
- Einräumen von Farbflaschen, Dosen, Pinseln etc. in einen Materialschrank mit Fächern unterschiedlicher Höhe
- „Bestücken" eines Setzkastens, der aus verschiedenartigen Kästchen zusammengesetzt ist, mit beliebigem Krimskrams.

Übung 1.6: „Wir räumen unser Nähkästchen auf"

Gruppentisch. Der Lehrer zeigt den Schülern ein Nähkästchen, in dem sich Stricknadeln, Häkelhaken, Stopfnadeln, Stecknadeln, Nähnadeln etc. unterschiedlicher Länge in großer Unordnung befinden. Die Schüler äußern Vorschläge, wie die Dinge geordnet werden können, der Lehrer bringt ggf. das Längenkriterium ein und bietet (längenmäßig passende) Schachteln an, in die die verschiedenen Nadeln eingeräumt werden sollen. Die Schüler sortieren durch Anwendung des direkten Größenvergleichs (direktes Nebeneinanderstellen oder -legen bzw. Einpassen in die Schachteln) und räumen das Nähkästchen ordentlich ein.

Variationen: Sämtliche Materialsammlungen (Bauklötze, Stifte, Papier- und Stoffstreifen, Papphöhren, Stäbe, Leisten, Bretter, Kerzen, Schnüre etc.) können mit den Schülern von Zeit zu Zeit in Ordnung gebracht und dabei nach dem Längenkriterium sortiert werden.

Für Ihre Notizen
(Bewertungen/Variationen/Erweiterungen)

Übung 1.7: Spielsituation „Wer baut den höchsten Turm"

Bauteppich. Jeder Schüler baut mit Bauklötzen (Kartons etc.) einen möglichst hohen Turm (ebenfalls möglich: je zwei Partner oder Gruppen). Anschließend werden die Türme verglichen. Dafür müssen die Bauten jedoch relativ nahe beieinanderstehen, da der Längenvergleich sonst nicht exakt ausgeführt werden kann sondern geschätzt werden muß. Dies kann die Schüler jedoch bereits auf dieser Stufe dazu veranlassen, sich mit dem Problem auseinanderzusetzen und nach entsprechender Impulsgebung den Längenvergleich mit Hilfe einer „Meßleiste" (waagerechtes Anlegen an einer der beiden Turmspitzen zur Überbrückung des Abstandes) vorzunehmen.

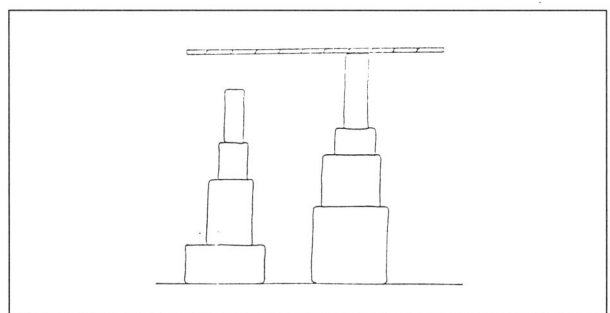

Übung 1.8.: Wettspiel: „Wer findet zuerst den längsten Stift?"

Gruppentisch. Der Lehrer erläutert die Spielregel: Aus einer bestimmten Anzahl von Malstiften soll durch Ertasten der längste herausgefunden werden. Ein Schüler sucht mit verbundenen Augen einen Stift heraus, die anderen beobachten die (Vergleichs-)Strategien. Die Schüler verbalisieren und bewerten das Vorgehen, demonstrieren ggf. alternative Techniken. Der Lehrer hat jetzt, falls nötig, die Möglichkeit zur Fehlerkorrektur und zum Herausstellen der Meßkriterien im Paarvergleich. Die Schüler teilen zwei Gruppen ein und führen das Wettspiel mit je zwei Spielern pro Runde durch. Dabei erhält diejenige Gruppe einen Punkt, deren Spieler den längeren Stift ertastet und gezeigt hat. Zur besseren Sichtbarkeit für alle Schüler können die Stifte zum Vergleich auf den Tageslichtprojektor gelegt werden (Übergang zur Repräsentantenebene durch zweidimensionale Darstellung im Schattenriß).

Variationen: Durch Vergrößerung des Sortiments und Minimierung der Längenunterschiede kann der Schwierigkeitsgrad des Spieles beliebig gesteigert werden. Bei Spielwiederholungen kann zur Abwechslung der kürzeste Stift gesucht werden.

Übung 1.9.: „Wir sortieren Nägel"

Diese Übung kann sowohl im Kontext des Werkunterrichts durchgeführt werden, falls an der Schule noch kein festes Ordnungsschema existiert, oder im Zusammenhang mit dem Einrichten einer Werkzeugkiste für den Klassenraum, um den Schülern die Notwendigkeit der Sortierhandlung bewußt zu machen.

Gruppentisch. Der Lehrer weist auf das unübersichtliche Nagelsortiment in einer Schale hin, schlägt vor, mit den Schülern Nagelschuber (Nagelkästchen o.ä.) einzurichten. Die Schüler sortieren die Nägel nach Länge, stellen die Anzahl der verschiedenen Nagelsorten fest, kennzeichnen Schubern oder Kästchen durch Aufkleben der Nägel und ordnen die entsprechenden Sorten zu.

Variationen: Diese Übung kann sehr gut in Gruppenarbeit durchgeführt werden. Dabei sind zwei Alternativen möglich:

Für Ihre Notizen
(Bewertungen/Variationen/Erweiterungen)

1. Jede Gruppe sucht nur eine vorher festgelegte Nagelgröße heraus (Anlegen an ein Vergleichsobjekt, z.B. am Nagelkästchen). Das Sortierergebnis kann anschließend von einer anderen Gruppe nochmals überprüft werden.

2. Die Gruppen sortieren verschiedene Längen (ggf. Differenzierung nach Anzahl und Längenunterschied), vergleichen anschließend ihre Sorten, schütten bei Übereinstimmung zusammen und räumen sie in die entsprechenden Kästen ein.

Bei der Kennzeichnung der Nagelkästen können statt der Realobjekte auch Abbildungen (Fotos/Zeichnungen) im Verhältnis 1:1 aufgeklebt und zu Meßzwecken herangezogen werden. Dadurch wird der Übergang zur Repräsentantenebene angebahnt.

Dieselbe Übung kann genauso sinnvoll mit Schrauben und Dübeln durchgeführt werden.

Für Ihre Notizen
(Bewertungen/Variationen/Erweiterungen)

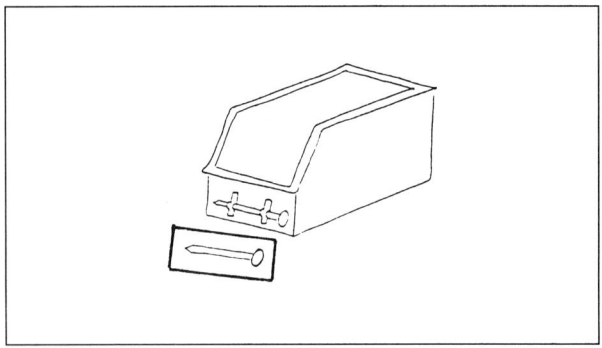

Vorhaben 1.I.: „Wir stellen ein Wurfspiel her"

Für die Anfertigung des Wurfspieles werden eine Styroporplatte oder ein flacher stabiler Karton mit durchgehender Bodenplatte (ca. 50 cm x 50 cm) sowie ca. 10 Papröhren benötigt. Wir benutzen dafür am besten die leeren Rollen von Geschenkpapier (halbiert 35 cm), Küchenkrepp (26 cm) und Klopapier (9,5 cm).

Die Schüler erhalten den Auftrag, die Rollen gleicher Länge in einer bestimmten Farbe anzumalen. Dafür werden entsprechende Vergleichsobjekte (rote, gelbe und blaue Rolle unterschiedlicher Länge) zur Verfügung gestellt. Durch Anlegen der verschiedenen Rollen kann bestimmt werden, in welcher Farbe die Röhren angemalt werden müssen. Der Arbeitsablauf soll möglichst von den Schülern selbständig (in Gruppen) organisiert und durchgeführt werden.

Während die Rollen trocknen, fertigen die Schüler Wurfringe aus verdrahteter Sesalschnur an. Dafür messen sie mit Hilfe eines vorgegebenen Stückes die Schnurlänge von der ganzen Rolle ab, formen einen Ring und binden oder kleben die Enden mit Bast bzw. Kreppband zusammen. Anschließend werden die Papröhren in die Styroporplatte bzw. den Karton gesteckt.

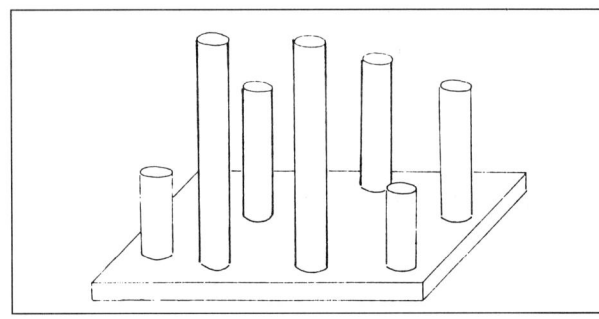

Für das Spiel können unterschiedliche Punktewerte je Röhrenlänge vereinbart werden.

Übung 1.10.: „Wir lernen einen Zaubertrick"

Stuhlhalbkreis. Der Lehrer behauptet, zaubern zu können: Zwei Bleistifte unterschiedlicher Länge werden gleichlang. Die Schüler äußern Bedenken, Vermutungen. Der Lehrer führt den Trick aus, indem er mit entsprechenden Zauberformeln und magischer Geste die beiden Stifte so in die Hand nimmt, daß sie an den gezeigten Spitzen übereinstimmen, wobei der untere Teil der Stifte jedoch hinter dem Handrücken verborgen bleibt. Anschließend werden die Stifte wieder in ihre ursprüngliche Größe zurückgezaubert. Schüler, die den Trick bereits durchschauen, können ihn den übrigen Schülern (ggf. mit verschiedenen Objekten) wiederholt vorführen. Können die Schüler das Rätsel nicht selbständig auflösen, zeigt der Lehrer, wie er die beiden Stifte hält. Die Schüler verbalisieren den Zusammenhang und erproben den Trick mit Schülern aus einer Nachbarklasse.

Übung 1.11.: „Wir bestücken unser Glockenspiel (Xylophon)"

Jeder Schüler erhält den Klangkörper eines Xylophons und lose Klangplättchen. Der Lehrer erarbeitet mit den Schülern, daß auf der linken Seite mit dem kürzesten Plättchen begonnen werden muß, daß die Plättchen immer länger werden und zum Schluß das längste befestigt wird. Die Schüler suchen durch Vergleichen das jeweils kürzeste Plättchen heraus, kontrollieren sich dabei durch gegenseitiges Anlegen und stecken es fest. Zum Schluß werden die Xylophone gemeinsam abgespielt (erneute Kontrolle), bevor sie zum Musizieren verwendet werden.

Variationen: Gruppen- oder Partnerarbeit an einem Xylophon.

Die Schüler erschließen sich den Aufbau des Xylophons anhand eines Demonstrationsobjektes selbst (Längenvergleich des Plättchensortiments am fertig aufgebauten Xylophon). Oder: Der Lehrer bietet gezeichnete Vorlage an, auf der die Plättchen in die korrekte Reihenfolge gebracht werden (Übergang zur Repräsentantenebene). Die Schüler können sich durch Umfahren richtig geordneter Plättchen (Schablonentechnik) auch selbst einen solchen „Plan" herstellen. Hilfe: Befestigen der Plättchen auf dem Papier mit doppelseitigem Klebeband, um ein Verrutschen zu verhindern.

Vertiefung: Ordnen und Aufkleben ausgeschnittener Papierstreifen. Weitere Möglichkeiten zur Herstellung von Reihenfolgen nach Länge:

- Ordnen von Stiften im Farbkasten
- Ordnen der Kreide im Kästchen
- Aufstellen der Bücher im Regal

Für Ihre Notizen
(Bewertungen/Variationen/Erweiterungen)

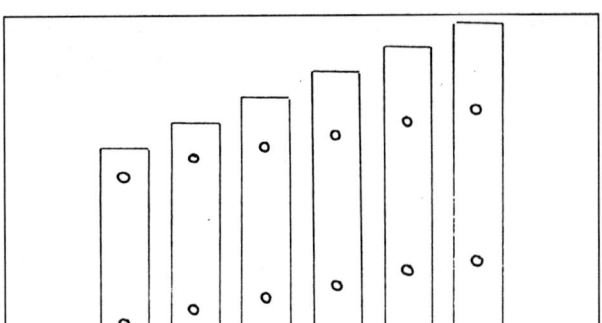

Übung 1.12.: „Wir schneiden Knüpf-Fäden"

Ist den Schülern die Knüpf-Technik noch nicht bekannt, kann sie im Zusammenhang der Übungsreihe sehr sinnvoll eingeführt werden. So wird z.B. der Begriff „gleichlang" hierbei ständig im pragmatischen Kontext eingeübt (Übereinstimmung der Fadenenden eines Knotens und einer Reihe, ggf. Kürzen der Fäden auf eine Länge etc.).

Beim Schneiden von Knüpf-Fäden, das die Schüler am besten in Partnerarbeit ausführen, erhält jede Gruppe einen Wollknäuel, Schere und Vergleichsstück. Während ein Schüler die beiden Fäden aneinanderlegt und festhält, kann der Partner die abgemessenen Stücke abschneiden. Hilfe: Festkleben des Vergleichsfadens auf dem Tisch. Wichtig: Straffes Spannen des Fadens.

Variationen: Dieselbe Funktion kann auch in anderen Zusammenhängen geübt bzw. gefestigt werden:

- Schneiden von Krepp-Streifen für eine Girlande
- Schneiden von Löckchenband zum Verzieren von Geschenken
- Schneiden von Goldschnur für Geschenkanhänger
- Schneiden von Bändern für einen Kranz

Vorhaben 1.II.: „Wir basteln einen Stifte-Halter"

Der Stiftehalter wird aus Papphöhren oder länglichen Schachteln (z.B. Klopapierrollen, Zigarettenschachteln) zusammengestellt, die in unterschiedlicher Länge abgemessen, abgeschnitten, attraktiv bemalt, auf eine Grundfläche geklebt und anschließend lackiert werden. Zum Abmessen stehen Vergleichsstücke zur Verfügung, beim Anbringen der Markierungen v.a. an den Rollen sowie beim Abschneiden bzw. -sägen gibt der Lehrer, falls nötig, Hilfestellung.

Variationen: Bekleben der Schachtelseiten mit Folie, wobei die Objekte als Schablonen benutzt werden (vgl. Vorhaben 2.II.)

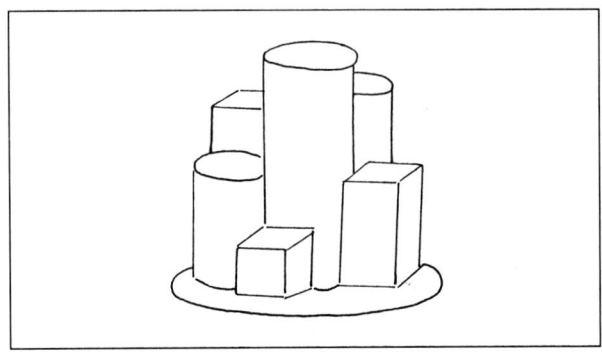

Für Ihre Notizen
(Bewertungen/Variationen/Erweiterungen)

Übung 1.13.: „Wir vergleichen unsere Körpergröße"

Stuhlkreis. Der Lehrer stellt die Quizfrage: „Wer ist der größte (kleinste) Schüler in unserer Klasse?" Die Schüler stellen Vermutungen an, die vom Lehrer notiert werden. Der Lehrer regt an, die Hypothesen zu überprüfen. Die Schüler führen Größenvergleiche durch, indem sich je zwei Schüler Rücken an Rücken stellen. Dabei werden die Meßkriterien benannt und gezeigt: „Wir messen von hier (Boden) nach da (Scheitel)". „Beide müssen ganz gerade stehen!". Der Lehrer bietet eine Leiste als Hilfsmittel an (Verdeutlichung des Endpunktes).

Variationen: Ein Schüler stellt alle übrigen wie Orgelpfeifen auf. Oder: Die Schüler überprüfen, ob der größte Schüler auch im Liegen größer als alle anderen ist.

Der Quiz wird erweitert: „Wir suchen das größte (kleinste) Mädchen", „Wer ist der größte (kleinste) Schüler/Lehrer an unserer Schule" etc. Als besonders motivierend erweist sich dabei eine feierliche Plakettenverleihung.

Zur Vertiefung kann das Arbeitsblatt „Körpergrößen ordnen" (Kopiervorlage 1/1) eingesetzt werden.

Übung 1.14.: „Wer erkennt den Meßfehler?"

Der Lehrer informiert über den Zweck der Übung (z.B."Wir haben gelernt, daß man beim Messen sehr genau arbeiten muß, sonst wird alles falsch. Ich bin gespannt, ob ihr gleich alle den Fehler finden und es richtig machen könnt.") Er stellt einen kleinen Schüler auf einen Stuhl, einen größeren daneben auf den Boden und behauptet, dieser sei viel kleiner. Die Schüler legen Protest ein, demonstrieren den korrekten Größenvergleich und verbalisieren die Meßkriterien (z.B. gleicher Ausgangspunkt). Der Lehrer bietet eine Latte an, die den beiden Schülern an die Füße gelegt wird. Ein Kind verläßt den Raum, die übrigen denken sich, angeregt durch den Lehrer, neue Meßfehler aus:

- ein Kind sitzt, das andere steht
- ein Kind steht auf dem Boden, das andere auf einem Stuhl
- ein Kind liegt, das andere steht
- ein Kind steht auf dem Stuhl, das andere auf dem Tisch
- ein Kind hockt, das andere sitzt usw.

Der Fehler wird korrigiert, das jeweils mißachtete Meßkriterium benannt.

Übung 1.15.: „Strohhalm-Skat"

2 bis 5 Teilnehmer erhalten 5 bis 10 Strohhalme unterschiedlicher Länge, jedoch von einer Farbe pro Spieler. Die Halme werden so in der Hand gehalten, daß sie oben gleichlang aussehen. Im Uhrzeigersinn ziehen die Spieler ihrem Hintermann einen Strohhalm aus der Hand und legen ihn als dessen Ausspiel auf den Tisch. Anschließend werden die Halme verglichen, der längste macht den Stich.

Als Material für das Spiel eignen sich farbige Stroh- oder Plastiktrinkhalme, von denen pro Farbe/Spieler ein Sortiment unterschiedlicher Längen zur Verfügung stehen muß. Da dieses Spiel denkbar preisgünstig ist, kann es sich jeder Schüler für zuhause herstellen, wobei das sorgfältige Abmessen sehr schön eingeübt werden kann.

Variationen:

- „Raten"
  Zwei Spieler zeigen sich abwechselnd je zwei Strohhalme aus ihrem Sortiment (5 bis 10 Halme) so, daß sie gleichlang aussehen. Der

Für Ihre Notizen
(Bewertungen/Variationen/Erweiterungen)

andere rät (ggf. nach vorheriger Ansage des Spielpartners), welcher Halm länger/kürzer ist und darf ihn, wenn er recht hat, behalten. Es kann solange gespielt werden, bis einer der Spieler nur noch einen Strohhalm besitzt.

Übung 1.16.: „Längendomino"

Die Schüler stellen sich mit Hilfe der Kopiervorlagen 1/2 bis 1/4 ein Längendomino her. Dazu werden die Vorlagen in gewünschter Größe und Anzahl kopiert, auf stabile Pappe geklebt und ausgeschnitten. Anschließend malen die Schüler die Steifen farbig an (um eine Farb-/Farbzuordnung beim Spielen zu vermeiden, ist es *nicht* ratsam, Streifen gleicher Länge dieselbe Farbe zu geben!).

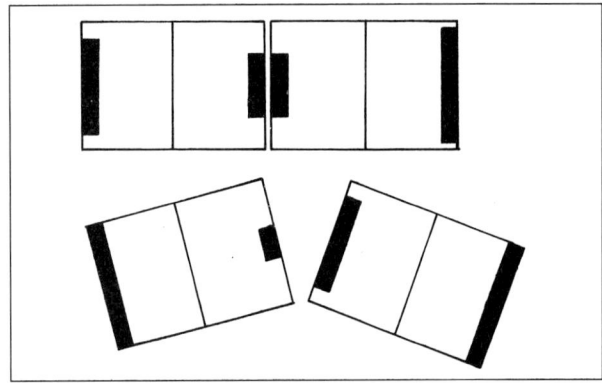

Übung 1.17.: „Längenlotto"

Herstellung wie in Übung 1.16. (Kopiervorlage 1/5) Die Schüler ordnen das Sortiment Streifen den Abbildungen auf dem Lottobrett zu.

Übung 1.18.: „Längenmemory"

Herstellung wie 1.16. (Kopiervorlage 1/6). Es sind verschiedene Spielvariationen möglich:

- Die Schüler ziehen einen der 6 Pappstreifen, suchen durch Umdrehen je einer der ausgelegten 6 Memorykarten das Pendant. (Überprüfung durch Auflegen des Streifens).
- Beim offenen Memory (z.B. mit 12 Karten = 6 Paaren) zeigen die Schüler zwei Karten, deren Streifen sie für gleichlang erachten. Mit den losen Papierstreifen wird überprüft, ob der Schüler richtig getippt hat (Übergang zu Lernziel 2!).
- Steigerung der Schwierigkeit: Ein Satz Karten liegt offen, der andere verdeckt.
- Meisterstufe: Memory nach normalen Regeln

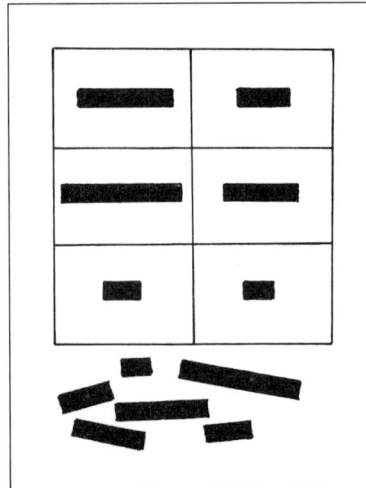
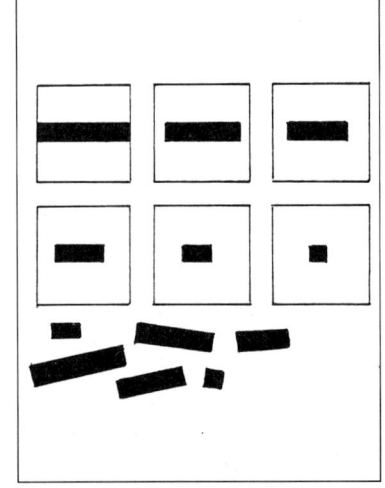

Für Ihre Notizen
(Bewertungen/Variationen/Erweiterungen)

Übung 1.19.: „Wir brauchen eine Verlängerungsschnur"

Dieses Problem ergibt sich häufig in Alltagssituationen, bei denen mit elektrischen Geräten gearbeitet wird (Mixen, Staubsaugen, Bügeln) aber auch zu anderen Anlässen (Wir nehmen unser Radio, den Cassettenrecorder in die Turnhalle mit). Durch entsprechende Fragestellungen, Schätzen und Ausprobieren (Was tun, wenn das Kabel nicht reicht? Welche Schnur ist lang genug?) kann den Schülern auch hier der Längenbegriff verdeutlicht werden.

Variationen: Im ähnlich ganzheitlichen Kontext wird die Vorstellung der Schüler angesprochen beim:

- Rasensprengen, Garten bewässern (Schlauchlänge)
- Wäscheaufhängen auf die Leine oder den Wäscheständer (Reicht die Leine, welches Wäschestück paßt (noch) auf das Stück am Ständer?)

Lernziel 2: Repräsentanten zur Längenbestimmung einsetzen können

---

Bei der Verfolgung dieses Lernzieles werden in der Hauptsache *zwei Schwerpunkte* in den Mittelpunkt des Lerngeschehens gestellt, einmal unter kognitivem, das andere Mal unter pragmatischem Aspekt.

Auf der *kognitiven Ebene* führen wir die Schüler an einen für das Messen wesentlichen Abstraktionsschritt heran: Die Ablösung vom konkreten Gegenstand und das Erkennen seiner Repräsentierung unter dem Merkmalaspekt *Länge*. Damit dieser Übergang gelingt, müssen wir sicherstellen, daß den Schülern die Identität von Objekt und Repräsentant bzgl. des Längenkriteriums auch tatsächlich bewußt wird. Dies kann dadurch unterstützt werden, daß die paarweise Zuordnung von Gegenstand und Repräsentant wiederholt von *beiden Richtungen* aus erfolgt: vom Gegenstand auf den Repräsentanten schließen und umgekehrt, zum Repräsentanten den passenden Gegenstand suchen.

Stellen die Schüler beispielsweise ihre Körpergröße in Form von Papierstreifen dar, dann werden diese anschließend gemischt und für die jeweilige Länge der „passende" Schüler gesucht. Andererseits kann durch sprachliche Mittel herausgestellt werden, daß es sich bei Objekt und Repräsentant um Gleiches handelt. Wir sprechen also nicht von „dem grünen Papierstreifen" sondern von „Michaels Körperlänge" bzw. „-größe". Wir fragen nicht, „wo ist dein Streifen?" sondern „zeig mir, wie groß du bist!". Erst wenn die Schüler diesen Schritt vollzogen haben und wir sicher sein können, daß die Schnur, der Streifen, der Strich, die Latte ihnen als das Gleiche gilt, wie das zu messende Objekt, können wir zum *Vergleich zweier (und mehrerer) Repräsentanten* übergehen. Es kann uns sonst passieren, daß die Schüler zwar den roten und den blauen Papierstreifen miteinander vergleichen, dabei jedoch „vergessen", daß es sich um die Körpergrößen von Karin und Doris handelt und unsere Frage, „wer von beiden ist größer?" folglich auch nur mit „der rote Streifen" und nicht mit „Doris" beantworten können.

Zu diesem Zeitpunkt wird auch das Betrachten und Einschätzen von Strecken für die Schüler interessant, da wir Entfernungen nur mit Hilfe von Repräsentanten sichtbar und vergleichbar machen können. Wir sollten dafür jedoch zunächst Strecken wählen, die für die Schüler noch gut zu überblicken sind (max. 2 m) und erst peu à peu auf größere Entfernungen (Turnhalle, Sportplatz) übergehen.

Der *pragmatische Schwerpunkt* zielt dagegen auf die rein praktische Verwendung des Realgegenstandes bzw. seines Repräsentanten als *Meßschablone* ab, die zum Abmessen derselben Länge (oft auch Fläche) bei anderen Objekten oder Materialien verwendet werden kann

Für Ihre Notizen
(Bewertungen/Variationen/Erweiterungen)

(z.B. Folien, Bänder, Geschenkpapier abmessen). Hier dienen Gegenstand bzw. Repräsentant als längenbestimmendes Maß im Verhältnis 1:1, wie dies bereits in einigen Aufgabenstellungen zu Lernziel 1 (vgl. 1.8.; 1.9., 1.11.; 1.l.) angebahnt wurde. Darüberhinaus wird durch den häufigen handelnden Vollzug beim Schätzen, Anpassen und Vergleichen das Augenmaß der Schüler geschult (verinnerlichte Repräsentierung). Beim Umgang mit Repräsentanten als Schablone müssen folgende Punkte besonders beachtet werden:

- Ausnützen bereits vorhandener Kanten, Ecken, Linien
- Beachtung des rechten Winkels (Hilfe: Winkel benutzen!)
- Fixieren der Schablone mit der Haltehand (gespreizter Griff)
- Genaues Markieren und abstandsfreies Entlangfahren an den Schablonenkanten mit Druck (Vorbereitung und Anbahnung des motorischen Umgangs mit dem Lineal)
- Veränderung der Raumlage des Meßobjektes (z.B. Blatt drehen), Ansetzen des Markierungsstiftes an anderer Stelle, um günstigere Zeichenbedingungen herzustellen.

An dieser Stelle wird deutlich, daß die Übergänge zwischen den einzelnen Lernzielen fließend sind und sich viele Übungen bzw. Vorhaben genausogut zur Verfolgung der nachfolgenden Lernziele einsetzen lassen. Da es sich bei den vorwiegend auf den pragmatischen Aspekt bezogenen Übungen und Vorhaben bereits um ein ganz korrektes, wenn auch dem Gegenständlichen noch stark verhaftetes Messen handelt, können die hier genannten Vorschläge in leicht abgewandelter Form (unter Einsatz selbsterstellter oder normierter Meßgeräte) auch für die Lernziel 3 und 4 Verwendung finden und sind daher dort nicht nochmals aufgeführt.

Vorhaben 2.I.: „Wir stellen unsere Körpergröße dar"

Für die Darstellung der Körpergrößen, die z.B. auch in einen größeren Zusammenhang eingebunden werden kann („Mein Körper"; „Mein Steckbrief") wählen wir am besten die Form der Wandzeitung, damit die Schüler sich immer wieder selbständig mit dieser Dokumentation auseinandersetzen und individuelle Vergleiche anstellen können. Die Materialfrage ist dabei sehr sorgfältig zu überlegen. Entscheiden wir uns z.B. für die Herstellung von Papierstreifen, muß darauf geachtet werden, relativ stabile Pappe (z.B. Fotokarton) zu verwenden. Die meisten anderen Papiersorten sind lappig und rollen sich ein und daher für unseren Zweck ungeeignet. Da in der Regel kein Material im notwendigen Format zur Verfügung steht, müssen mehrere Bögen aneinandergeklebt werden, um die notwendige Länge herzustellen. Ggf. können wir uns mit einer festeren Tapete oder Packpapier von der Rolle behelfen, wenn die Abschlußkanten mit Bleiband verstärkt werden, so daß der Streifen beim Aufhängen nach unten gezogen wird.

Für das Abmessen der Streifen hängt man die große Papierbahn entweder an der Wand auf (hier ist auf den genauen Abschluß am Boden zu achten!) oder sie wird von einer Wand aus auf dem Boden ausgelegt (Ränder fixieren!). Die Schüler messen in Partnerarbeit die Länge der Streifen ab, indem sich einer auf die Bahn legt bzw. an die Wand stellt, der andere den Scheitel des Partners markiert (Hilfsmittel: dünne Holz- oder Metall-Leiste, Lineal). Anschließend zeichnen die Schüler (z.B. mit Hilfe einer Latte oder Pappschablone) die Längskante des Streifens ein, an welcher entlang der Streifen ausgeschnitten wird. Beim Ausschneiden des Streifens können die Schüler sehr deutlich erfahren, wie *lang* der Streifen ist, deshalb sollten keine vorgefertigten Streifen verwendet werden, die von den Schülern nur noch gekürzt werden müssen. Sofern wir einheitliche Pappe verwendet haben, ergibt sich nun die Möglichkeit,

Für Ihre Notizen
(Bewertungen/Variationen/Erweiterungen)

die hergestellten Streifen zu mischen und von den Schülern mehrfach einander zuordnen zu lassen. Dabei sollten sie immer wieder zum Schätzen ermuntert werden („wer von uns ist wohl so groß?") und den Vergleich von Streifen und Person in unterschiedlichen Raumlagen durchführen. Anschließend können die Streifen auf einer Seite verschiedenfarbig angemalt und mit Namen und/oder Paßfoto beschriftet werden. Falls es möglich ist, die Papierstreifen so an der Wand zu befestigen, daß sie immer wieder abgenommen und z.B. ungeordnet und umgedreht angebracht werden können (Pappe lochen und an einer Nagelleiste aufhängen), ergeben sich viele Übungsmöglichkeiten:

- „Wo ist *meine* Körperlänge/-größe?"
  Die Schüler suchen aus den umgedrehten, ungeordneten Streifen die eigene Körperlänge heraus.

- „Wer ist *so* lang/groß?"
  Die Schüler schätzen und überprüfen zu welchem Kind ein bestimmter Streifen gehört.

- „Orgelpfeifen"
  Die Schüler stellen mit den Streifen eine Reihenfolge nach Körpergröße her.

- „Meßlatte"
  Die Streifen werden ihrer Länge nach übereinandergelegt und untereinander verglichen („Doris ist *so* ein Stück länger als Peter"). Schüler anderer Klassen können mit dieser „Latte" gemessen werden („Klaus ist zwischen Karin und Dirk").

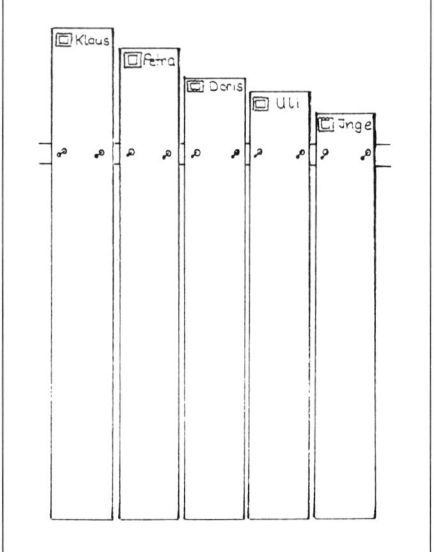

Variationen: Geringere Beteiligung bei der Herstellung, dafür aber erheblich mehr Komfort und Haltbarkeit, bieten Holzlatten, die von den Schülern auf Länge gekürzt und farbig gebeizt werden. Mit Hilfe dieser Latten können später auch (vgl. Lernziel 3) individuelle Messungen sehr gut vorgenommen werden.

Übung 2.1.: „Wir stellen Stoffstreifen her"

Die Stoffstreifenherstellung sollte sinnvollerweise in ein Gestaltungsvorhaben eingebunden sein: z.B. Herstellung eines Wandbehangs auf einem Webrahmen (vgl. Vorhaben 4a.VI.), Fertigen eines Wandbildes durch Webflechten auf einem Reifen (Fahrradfelge, kaputter Gymnastikreifen), Gestalten eines Kranzes (Styropor) durch Bestecken mit Stoffrosetten (geknüllte Streifen).

Die Schüler erhalten Pappstreifen oder stellen ihn sich anhand eines Stoffstreifens in entsprechender Länge her, stecken diese auf dem Stoff fest (Ränder ausnutzen!), schablonieren mit Stoffstift oder Kreide und scheiden die Streifen aus.

Variationen: Statt Stoffstreifen können Krepp-Papierstreifen, Wollfäden, Bänder u.v.a.m. in bestimmter Länge hergestellt werden, um z.B. Girlanden, Bänderdekorationen usw. für Geburtstagsfeiern, Karneval,

Schulfeste etc. zu fertigen. Dabei sollte eine gewisse Länge (ca. 1 m) jedoch nicht überschritten und auf die Arbeitssorgfalt besonders geachtet werden. Partnerarbeit erleichtert in der Regel den genauen Meßvorgang (vgl. Übung 1.12.).

Übung 2.2.: „Wir stellen Tischkärtchen her"

Anlässe für die Herstellung von Tischkärtchen bieten: Geburtstagsfeiern, Elternnachmittag, Einladung einer anderen Klasse etc.

Die Schüler schablonieren mit festen Pappkärtchen die Umrisse der Tischkärtchen z.B. auf Tonpapier, schneiden sie aus, falten die Karten und gestalten sie mit Namenszug und selbstgewählten Dekorationen (Klebebildchen, Zeichnungen o.ä.) aus.

Variationen: Nach demselben Prinzip können folgende Gegenstände hergestellt werden:
- Kalenderblock
- Sammelmappe
- Fotoalbum
- Briefkarten

Übung 2.3.: „Wir suchen und vergleichen Kantenlängen im Klassenraum"

Der Lehrer klärt mit den Schülern im Unterrichtsgespräch den Begriff „Kante". Die Schüler suchen und zeigen Kanten im Klassenraum, fahren an den Kanten entlang, erkennen, daß viele Gegenstände mehrere Kanten haben. Einige Kanten werden mit Tesakrepp oder farbigem Klebeband abgeklebt. Der Lehrer fordert die Schüler nun dazu auf, die Kanten zweier (mobiler) Gegenstände (z.B. Längskanten von Tisch und Pult) miteinander zu vergleichen. Die Schüler erproben verschiedene Strategien (z.B. Aneinanderstellen der Möbel). Anschließend sollen die Kanten zweier fixer Objekte (z.B. Tür und Fenster) oder zwei Kanten an einem Gegenstand (Höhe und Breite des Regals) verglichen werden. Der Lehrer weist ggf. auf das Klebeband als Hilfsmittel hin. Die Schüler kleben die betreffenden Kanten ab und vergleichen anschließend die beiden Streifen durch Nebeneinanderkleben (z.B. an der Tafel). Die Schüler denken sich selbständig neue Aufgaben aus und führen die Vergleiche durch. Dabei werden sie immer wieder zum vorherigen Abschätzen (welche Kante ist länger/kürzer?) ermutigt.

Variationen:
- Wo ist die längste/kürzeste Kante in unserem Klassenraum?
- Wir suchen Kanten, die gleichlang sind
- Gibt es eine Kante, die genauso lang ist, wie ich?
- Vertiefung und Erweiterung auf einem Arbeitsblatt (Kopiervorlage 2/1): Einzeichnen der Kanten bei den abgebildeten Gegenständen (Anbahnung des Verständnisses für Pläne und technische Zeichnungen), Vergleichen der Kantenlängen auf dem Arbeitsblatt mit Hilfe entsprechend gekürzter Papierstreifen, Einzeichnen von Kanten gleicher Länge in einer Farbe, Ermittlung und Vergleich der dargestellten Kantenlängen am Realgegenstand (hierfür ggf. Arbeitsblatt mit deutlicherer Entsprechung zu den Gegenständen des Klassenzimmers herstellen).
- Erarbeitung der Begriffe: Höhe, Tiefe, Breite an verschiedenen Einrichtungsgegenständen (Regal, Tafel, Schrank)

Vorhaben 2.II.: „Wir beziehen Schrank/Regalbretter mit Klebefolie (DC-Fix)"

Die Schüler überlegen gemeinsam mit dem Lehrer, wie die Folie mit Hilfe der losen Bretter von der Rolle abgemessen werden kann. Ggf. demonstriert der Lehrer das Auflegen des Brettes auf die Folie, wobei Unterkante und Seitenrand ausgenutzt werden. Die Schüler bringen mit Bleistift Markierungen an und ziehen die Striche aus. Hier bietet sich Partnerarbeit an (Festhalten/Linienziehen). Statt des Brettes selbst, an dem ohne Abstand entlanggefahren werden muß, das durch seine Dicke jedoch u.U. sehr unhandlich ist, kann besser eine flache Leiste, Stahlschiene oder ein Tafellineal eingesetzt werden, um die Striche zu zeichnen. Anschließend wird die Folie ausgeschnitten und auf das Brett geklebt. Dazu lösen die Schüler zunächst die Schutzfolie am unteren Ende einen Spaltbreit ab und passen den Anfang der klebenden Seite genau an den Kanten des Brettes an. Während ein Schüler mit einer Leiste oder einem Lineal die Folie flächig auf das Brett drückt, zieht der Partner die Schutzschicht stückchenweise ab. So werden Falten meist vermieden. Tritt dennoch eine Faltenbildung auf, wird die Folie mit einem Tuch zum Rand hin abgerieben.

Vorhaben 2.III.: „Wie legen Schubladen und Fächer mit Schrankpapier aus"

Die Schüler stellen sich mit Hilfe von Pappstreifen (am besten zwei verschiedenfarbige) Repräsentanten für die Tiefe und Breite der Schubladen (Fächer) her und benutzen diese zum Abmessen des Schrankpapiers. Die Aufgabe ist leichter zu bewältigen, wenn sie in zwei Arbeitsschritte unterteilt wird, da hierbei vorhandene Kanten und Linien besser ausgenutzt werden können:

1. Abmessen der Tiefe durch Anlegen des ersten Repräsentanten an die Unter- und Seitenkante des Schrankpapiers, Markieren, Linienziehen mit Hilfe eines Stahlwinkels, Abschneiden auf der ganzen Papierbreite.

2. Abmessen der Breite wie 1. Zur besseren Übersichtlichkeit („welche Seite muß nun abgemessen werden?"), heften die Schüler vor dem zweiten Meßvorgang den breits benutzten Repräsentanten mit Hilfe von Büroklammern an die schon abgemessene Papierkante, so daß keine Verwechslungen entstehen können.

Die fertigen Papierstücke werden bei Holzfächern mit Heftzwecken befestigt, bei Plastikbrettern mit doppelseitigem Klebeband aufgeklebt.

Übung 2.4.: „Wir beziehen Arbeitsmaterialien mit Folie"

Die Vorgehensweise beim Anbringen von Schutzfolien auf Arbeitsmitteln (Kärtchen für den Lese-Lehrgang, selbsterstellte Spiele usw.) entspricht im Wesentlichen den Schritten aus Vorhaben 2.II. bzw. 2.III. Da Schutzfolien jedoch zweckmäßigerweise überlappend angebracht, d.h. auf der Materialrückseite festgeklebt werden, müssen sie stets länger als der zu beklebende Gegenstand abgemessen werden. Dies muß mit den Schülern besprochen und bei der Herstellung von Repräsentanten berücksichtigt werden.
Variation: Folieren von Büchern (vgl. dazu Übung 2.5.).

Übung: 2.5.: „Wir packen ein Geschenk/Päckchen ein"

Diese Übung kann z.B. in der Vorweihnachtszeit auch als Bestandteil eines umfassenderen Vorhabens durchgeführt werden, in dem wir Adventspäckchen, Dekorationsgegenstände für den Weihnachtsbaum, einen Adventskalender u.v.a. mehr herstellen, wobei das Abmessen von Papier und Band wiederholt geübt wird. Aber auch im übrigen Schulalltag gibt es Gelegenheiten und Anlässe genug, etwas für den Versand, Transport oder einen festlichen Anlaß einzupacken.

Für Ihre Notizen
(Bewertungen/Variationen/Erweiterungen)

Beim Abmessen des Geschenkpapiers sowie beim Zuschneiden von Geschenkband ist wie in Übung 2.4. zu beachten, daß größere Stücke als die Objektoberfläche benötigt werden. Während sie verschiedene Papierformate beim probeweisen Einschlagen eines Päckchens testen, können die Schüler dies handelnd erfahren. Dabei ergeben sich Bewertungen wie „zu kurz," „zu lang," „muß noch ein Stückchen länger sein" ganz von selbst.

Wie in den vorangegangen Übungen ermitteln die Schüler zunächst die notwendige Breite des Papiers durch Auflegen des Gegenstandes an der Papierunterkante, wobei rechts und links ein Stückchen (Daumen- oder Handbreit je nach Größe des Päckchens) zum Umschlagen zugegeben wird. Mit einer Holzleiste, Winkel oder Lineal wird ein Strich gezogen und das Papier längs ein Stück weit eingeschnitten. Hier ergeben sich gute Möglichkeiten, das Schätzen zu üben und durch Einwickeln des Gegenstandes zu überprüfen, ob die Länge des Bogens bereits ausreicht. Die Schüler markieren die notwendige Länge durch Anzeichnen, Einschneiden oder Falten, ziehen die Endlinie aus und schneiden den Bogen ab.

Die Länge für das Geschenkband kann nach der Regel: „dreimal um die Längsseite wickeln" ermittelt werden. So bleibt genügend Band nach dem Verknoten übrig, um eine Schleife oder Ringellöckchen anzubringen.

Variationen: Differenzierung des Schwierigkeitsgrades über Päckchenformat, -größe sowie durch Verwendung von Papierbögen bzw. Papier von der Rolle. Noch schwieriger ist das Verpacken von unregelmäßig geformten Gegenständen, hier muß noch stärker nach Augenmaß gearbeitet werden.

Vorhaben 2.IV.: „Wir gestalten ein Transparent-Fensterbild"

Bei der Gestaltung des Fenstertransparentes steht nicht so sehr der Aspekt der ästhetischen Gestaltung, sondern vielmehr das Messen im Vordergrund, obschon hier sehr ansprechende Produkte entstehen. Das Fensterbild wird aus einem Rechteck Transparentpapier (z.B. 18 cm x 15 cm) gefertigt, auf das längs und quer Transparentpapierstreifen (9 Längsstreifen: 18 cm x 2 cm; 5 Querstreifen: 15 cm x 3 cm) aufgeklebt werden. Es entsteht dadurch ein vielfarbiges Fächerraster. Um das Transparentbild wird ein Passepartout-Rand aus dunklem Papier geklebt (2 Längsstreifen 21 cm x 3 cm; 2 Querstreifen 18 cm x 3 cm; Überlappung von Transparent und Passepartout: 1,5 cm an allen Rändern).

Nach der Erörterung der Vorgehensweise anhand eines Demonstrationsobjektes oder Phasenmodells stellen die Schüler sämtliche Bestandteile des Bildes mit Hilfe von Pappschablonen her. Bei leistungsstärkeren Schülern bietet sich der Einsatz eines Arbeitsplanes (Darstellung 1:1) an (vgl. Kopiervorlage 2/2 und 2/3). Die Transparentstreifen können dabei mit der Technik des Durchpausens (Transparentpapier auflegen, ggf. mit Büroklammern feststecken, Eckpunkte des Streifens markieren, mit einem Lineal verbinden) eingezeichnet werden. Für das Passepartout schneiden die Schüler die entsprechenden Streifen aus und verwenden sie als Schablone.

Variationen: Vergrößerung des Formates.

Übung 2.6.: „Boccia (Boule)"

Das Boccia bzw. Boule-Spiel wird nach den üblichen oder für die Schüler abgewandelten Spielregeln durchgeführt. Die Abstände der Kugeln von der Maus werden nach dem Legen durch Papierstreifen ermittelt, die an Kugel und Maus angelegt und in entsprechender Länge abgeschnitten

Für Ihre Notizen
(Bewertungen/Variationen/Erweiterungen)

werden. Anschließend können sie miteinander verglichen und der Sieger festgestellt werden.

Boccia regt die Schüler ganz von selbst zum Schätzen und Beurteilen der Abstände an. Da es sich um eine Wettbewerbsituation handelt, die nicht selten zu subjektiven Einschätzungen verleitet und eventuell auch zu Uneinigkeit führt, kann die Notwendigkeit des objektiven Maßes, das von allen akzeptiert werden muß, hier deutlich demonstriert werden.

Variationen: In ähnlicher Weise spielen wir mit den Schülern das Pfennig-Spiel, bei dem Pfennige, Plättchen oder Murmeln gegen eine Wand gerollt oder geworfen werden. Der Sieger (kleinster Abstand) erhält einen Punkt oder darf den Einsatz der übrigen Mitspieler einstreichen.

In der Turnhalle kann dasselbe Spiel mit Medizinbällen, auf der Wiese, dem Ball- oder Sportplatz mit Frisby-Scheiben oder Wurfringen z.B. gegen einen Zaun oder auf eine Strichmarkierung zu gespielt werden.

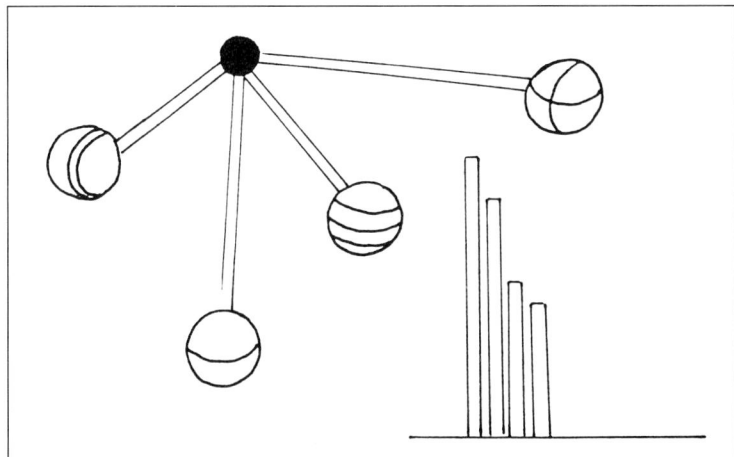

Übung 2.7.: „Papierflieger-Rennen"

Schüler falten sich einfache Papierflieger (auch eine Gelegenheit, das Messen zu üben!) und führen damit ein Wettspiel durch. Von einem Startstrich aus werden alle Flieger gleichzeitig ins Rennen geschickt. Die Wurfabstände können mit Wollfäden oder Schnur ausgemessen und verglichen werden. Der Sieger erhält einen Punkt.

Variationen: Es wird über mehrere Runden vom jeweiligen Landeort aus gespielt. In ähnlicher Weise können Autorennen (aufziehbare Spielautos o.ä.) durchgeführt werden.

Übung 2.8.: „Indiaka"

Dieses Wurfspiel wird wie Übung 2.7. durchgeführt. Stehen keine „echten" Indiaka zur Verfügung, können diese durch Strumpfbälle (Socke mit Tennisball) ersetzt werden, die man z.B. über dem Kopf kreisen läßt und dann abschleudert.

Vorhaben 2.V.: „Wir stellen ein Tangram her"

Mit Hilfe der Kopiervorlage 2/4 stellt der Lehrer einen Satz Pappschablonen her. Steht ein Tangram zur Verfügung, können selbstverständlich die Plastikteile des Spiels stattdessen benutzt werden. Das Tangram wird von den Schülern in Anwendung der Schablonentechnik aus kartoniertem Papier angefertigt. Zu Kontrollzwecken („Habe ich schon alle Teile beisammen?") erhält jeder Schüler ein Arbeitsblatt (Kopiervorlage 2/4), auf die die fertigen Teile aufgelegt und kontrolliert werden können. Zur besseren Haltbarkeit werden die Pappteile mit Folie überzogen. Um Verwechslungen der Einzelteile zu vermeiden, stellt jeder Schüler ein Spiel aus Fotokarton unterschiedlicher Farbe her.

Im spielerischen Umgang mit dem Tangram-Spiel üben die Schüler automatisch das Erkennen, Abschätzen und Vergleichen von Längen.

Lernziel 3: Längen mit einem Maß abmessen können

Wie viele Übungen und Vorhaben zu den beiden ersten Lernzielen zeigen, sind die Übergänge zwischen den einzelnen Lernschritten fließend und vor allem innerhalb konkreter Sachzusammenhänge nicht immer exakt voneinander zu trennen. Dennoch wird im Lernziel 3 eine neue und über die beiden ersten Teilleistungen hinausgehende Kompetenz im Umgang mit dem Längenmaß erworben. Die Schüler lernen hier, sich beim Messen von der Repräsentierung im Verhältnis 1:1 zu lösen und Längenvergleiche mit *mehreren* Maßeinheiten derselben Art (Abschreiten mit Schritten, Auslegen mit gleichlangen Stöckchen) bzw. *an nur einem* (hier noch beliebig festgelegten) Maß (z.B. Markieren *verschiedener* Längen auf *einer* Leiste) durchzuführen.

Bei der Heranführung an die Körpermaße und deren praktischer Anwendung gilt es vor allem zu berücksichtigen, daß den Schülern die Brauchbarkeit dieser Techniken und Hilfsmittel für *grobe Schätzungen* bewußt wird, daß sie auf der anderen Seite jedoch auch erkennen, wie wenig verläßlich diese Verfahren dort sind, wo es auf das *exakte Bestimmen* einer Länge ankommt. Erst damit wird der Grundstein für den bewußten und sorgfältigen Gebrauch objektiver und - darauf aufbauend - normierter Meßgeräte gelegt. Das Lernziel 3 sollte daher sinnvollerweise mit der Herstellung oder dem Einkauf eines normierten Meßgerätes (Lineal, Winkelmaß, Meterstab) abschließen. Dieser Schritt muß allerdings durch die sukzessive Erarbeitung der Maßskalierung gut vorbereitet werden.

Übung 3.1.: „Kaiser, wieviel Schritte schenkst du mir?"

Turnhalle. Ein Schüler (Kaiser) und der Rest der Klasse stellen sich an den gegenüberliegenden Grundlinien auf. Der Reihe nach fragen die Schüler: „Kaiser, wieviel Schritte schenkst du mir?" und erhalten als Antwort z.B. „2 Schritte", „5 Fuß", „1 Körperlänge", mit denen sie sich auf den Kaiser zubewegen dürfen. Der erste Schüler, der die Höhe des Kaisers erreicht, nimmt in der nächsten Runde dessen Rolle ein.

Variationen: Die Formulierungen können vereinfacht („Rita, wieviel Schritte darf ich gehn?"), die Maße durch Symbolkärtchen (Kopiervorlage 3/1) dargestellt und vom Kaiser gezeigt, sowie die Zahlen auf 1 oder 2 beschränkt werden.

Übung 3.2.: „Wir messen unser Klassenzimmer (Schulgebäude) mit Schritten aus"

Die Schüler sammeln im Unterrichtsgespräch Ideen, wie sie die Maße des Klassenzimmers ermitteln können. Der Lehrer bringt ggf. den Vorschlag ein, das Körpermaß Schritt zu benutzen. Die Schüler schreiten das Klassenzimmer ab und notieren ihre Ergebnisse z.B. auf einem Plakat am Ende der jeweiligen Meßstrecke. „Meßreste" bleiben dabei unberücksichtigt und werden u.U. mit der Bemerkung „da paßt kein Schritt mehr rein" o.ä. kommentiert. Beim Vergleich der Meßresultate können zwei wichtige Punkte herausgearbeitet werden.

- Verschiedene Personen kommen zu unterschiedlichen Meßergebnissen: Warum? Wir vergleichen unsere Schritte und stellen fest, daß sie nicht gleichlang sind.

  Diese Erkenntnis kann eventuell durch provokative Lehrer-Demonstrationen (extrem lange bzw. kurze Schritte) angeregt werden. Manche Schüler neigen dazu, beim Vormachen ihrer Schrittlänge extrem große Schritte zu machen, sie müssen daher zum „normalen" Gehen „so wie vorhin" aufgefordert werden. Zur Unterscheidung der andersartigen Schritte kennzeichnen wir sie durch den Namen des jeweiligen Schülers. So ist die Wand 13 Simone-Schritte lang aber auch 10 Rolf-Schritte.

- Beim Vergleich zweier Strecken dürfen daher immer nur die Meßwerte *einer* Person verglichen werden.

👣	
Simone	13
Rolf	10
Karin	14
Klaus	12
Inge	15

Simone	👣	🦶	🧍
Flur (blaues Band)			
Speisesaal (rotes Band)			
Büro (gelbes Band)			
Pausenhalle (grünes Band)			

Übung 3.3.: „Wie messen das Schulgebäude mit verschiedenen Körpermaßen aus"

Bei dieser Übung ist es sinnvoll, sich jeweils auf eine (mögl. die längere) Seite der auszumessenden Räume zu beschränken, um die Schüler nicht unnötig zu verwirren. Hilfreich ist das Markieren der Meßstrecken mit bunten Klebestreifen oder einer dicken, farbigen Wollschnur (an den Enden festkleben und straff spannen!). Dies ist vor allem auch für die Arbeitsblatt- und Tafelgestaltung bei Schülern wichtig, die nicht lesen können.

Durchführung wie 3.1., wobei die unterschiedlichen Meßergebnisse in individuelle Arbeitsblätter (Kopiervorlage 3/2) und ggf. anschließend in ein Raster an der Tafel eingetragen und verglichen werden (Vorsicht! Auf Übersichtlichkeit achten - also nur *ausgewählte* Daten vergleichen!)

Folgende Körpermaße bieten sich für das Abmessen von Strecken im Gebäude an: Schritt, Fuß, Körperlänge. Vor allem das letzte Maß kann nur sinnvoll in Partnerarbeit angewendet werden, es sei denn, die Schüler messen mit ihren Längenrepäsentanten aus Vorhaben 2.I. Während Schritt und Fuß beliebig reproduzierbar sind, muß beim Messen mit der Körperlänge bereits das wiederholte „Anlegen" einer Einheit vollzogen und daher der Endpunkt der Einheit für das erneute Anlegen markiert werden. Dies erleichtert auf der anderen Seite das nochmalige Abzählen der Einheiten nach abgeschlossenem Meßvorgang und bahnt auf dieser Stufe bereits ein Verständis der Skalierung von Meßgeräten auf basalem Niveau an. Davon abgesehen sollten die Schüler generell zur Durchführung von Kontrolldurchgängen beim Messen angehalten werden, um Meßfehler erkennen und korrigieren zu können. Treten z.B. immer wieder stark differierende Meßergebnisse auf, ergibt sich automatisch der logische Übergang zur Einführung eines objektiven (stets gleichlangen) Maßes.

Für Ihre Notizen
(Bewertungen/Variationen/Erweiterungen)

Übung 3.4.: „Wir stellen uns ein Spielfeld her"

Rasenfläche. Die Schüler legen sich ein Spielfeld (z.B. für Jägerball) an, indem sie die Seitenlängen abschreiten und mit Eckfahnen oder Stäben abstecken. Die Spielfeldränder werden mit Sägespänen oder Kreide, ggf. auch Bleiband o.ö. markiert. Hilfen werden u.U. beim Einhalten des rechten Winkels erforderlich. Übergroße Genauigkeit ist bei der Übung jedoch zu vermeiden, da sie den Schülern eher zu der Einsicht verhelfen soll, daß man sich in dieser Situation ausgezeichnet mit dem Körpermaß behelfen kann, als ein akurat rechteckiges Spielfeld anzulegen.

Variationen: Abkleben eines Spielfeldes in der Turnhalle mit Klebestreifen.

Übung 3.5.: „Wir legen einen Hindernis-Parcour an"

Die Schüler arbeiten in zwei bis drei Gruppen, je nach Klassengröße. Dabei erhält jede Gruppe den Auftrag, den Teil eines Hindernis-Parcours in der Turnhalle aufzubauen. Die Abstände der einzelnen Hindernisse sind in einem Arbeitsblatt (vgl. Kopiervorlage 3/3) vermerkt, ggf. können größere Bildkarten (Kopiervorlage 3/1) eingesetzt werden.

Übung 3.6.: „Wie stecken Pflanzbeete im Schulgarten ab"

Brache im Schulgarten. Durchführung wie Übung 3.4., wobei jeder Schüler sich sein eigenes Beet abmißt und Schnüre zwischen den Eckstöckchen spannt, um die Ränder zu kennzeichnen. Zwischen den Beeten muß ausreichend Platz für kleine Wege eingeplant werden.

Übung 3.7.: „Wie weit ist es zum Bäcker (Supermarkt, Kiosk)?"

Unterrichtsgang. Die Schüler schreiten bekannte Wege ab. Dabei wird vorher die Anzahl der Schritte geschätzt und z.B. vermutet, welcher Weg länger ist. Leistungsstärkere Schüler übernehmen das Abzählen der Schritte und tragen die Ergebnisse in ein Arbeitsblatt ein. Um das Zählen zu vereinfachen, kann eine Strichliste (1 Strich je 10 bzw. 100 Schritte) verwendet werden.

Für schwächere Schüler ist vor allem die basale Erfahrung „langer Weg" (weit) - „kurzer Weg" (nah) wichtig, die durch entsprechende Verbalisierung unterstützt werden muß.

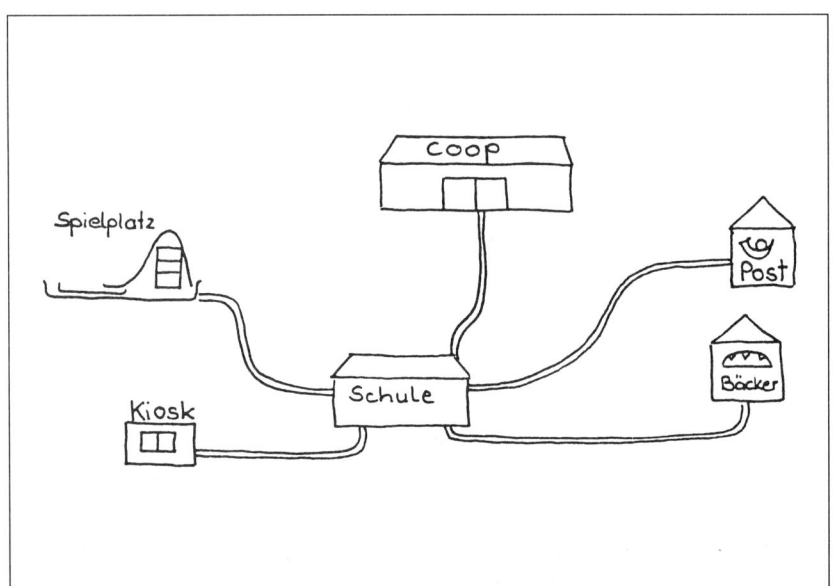

Für Ihre Notizen
(Bewertungen/Variationen/Erweiterungen)

Übung 3.8.: „Wir messen Gegenstände mit unseren Händen (Armen) ab"

Kleinere Gegenstände im Klassenraum können mit Hilfe der Hände (Handbreit, Spanne: Daumen - Zeigefinger, Daumenbreit), größere mit dem Arm (Armlänge, Elle) abgemessen werden. Durchführung wie 3.1. und 3.2. Dabei werden die Schüler ermuntert, sich das adäquate Maß für einen Gegenstand (im Sinne der Ökonomie bzw. Genauigkeit) zu überlegen (Kopiervorlage 3/4).

Für Ihre Notizen
(Bewertungen/Variationen/Erweiterungen)

Übung 3.9.: „Wir messen Papiertischdecken ab"

Die Schüler bereiten die Tische im Klassenzimmer für ein gemütliches Frühstück oder eine andere festliche Gelegenheit (Geburtstag, Elternnachmittag) vor. Dazu ermitteln sie - am besten in Partnerarbeit - die Tischlängen durch Einsatz des Körpermaßes Elle und tragen die entsprechende Anzahl (plus 1 für Überlappung!) auf der Papierrolle ab. Die Papierrolle sollte dabei möglichst bereits die richtige Breite haben. Ansonsten wird der Meßvorgang für die Tisch- und Papierbreite in gleicher Weise wiederholt.

Übung 3.10.: „Wir schneiden ein Baquette auf"

Diese Übung kann in das morgentliche Frühstück integriert werden. Die Schüler schneiden sich hand- oder daumenbreite Stücke von der Baquettestange ab, indem sie die Hand/den Daumen auflegen, den Abstand durch Einschneiden markieren und anschließend das Stück absägen. Vorsicht: beim Abschneiden darauf achten, daß die Haltehand das lange Reststück umfaßt und die Finger sich in Sicherheit befinden! Schüler die bereits dazu in der Lage sind, können nach Augenmaß arbeiten.

Variationen:
- Aufschneiden von Gurken, Möhren, Zucchini, Selleriestangen für einen Gemüseeintopf
- Abschneiden von Bananestückchen für ein Schokoladen-Fondue
- Schneiden von Essiggurken und Würstchen für einen Schaschlik-Spieß

Vorhaben 3.I.: „Wir basteln ein Mobile aus Strohhalmen"

Wir stellen das Mobile aus verschiedenfarbigen Stroh- oder Plastikhalmstückchen her, die im Wechsel mit einer Perle auf eine Schnur aufgefädelt und an der Decke oder am Fenster

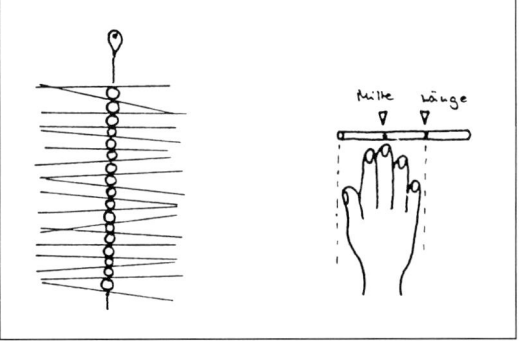

aufgehängt werden. Dabei messen die Schüler von der ganzen Halmlänge je eine Handbreit ab (ca. 8 cm): Auflegen/Anhalten, Markieren und

Abschneiden. Die ungefähre Mitte, an der die Halme aufgefädelt werden, bestimmen die Schüler mit Hilfe des Mittelfingers (grobes Anhalten). Es kommt dabei nicht auf den Millimeter oder Zentimeter an, sondern auf die zunehmende Entwicklung von Sicherheit beim Vergleichen von Längen (Strohhalm, Handbreite) über eine geringe räumliche Distanz.

Variationen: Es können auch Stücke unterschiedlicher Länge (Handbreite, Fingerspanne) abgemessen und im Wechsel aufgefädelt werden.

Übung 3.11.: „Wir erproben neue Maße und messen damit Gegenstände aus"

In Anknüpfung an und Wiederholung der Ergebnisse aus den Übungen 3.2., 3.3. und 3.8. überlegen die Schüler, wie man zu einheitlichen Meßergebnissen kommen könnte. Werden konventionelle Meßgeräte genannt, können diese ebenso eingesetzt werden, wie selbsterfundene Maße, die Skaleneinträge finden jedoch noch keine Berücksichtigung. Die Schüler wiederholen die verschiedenen Meßaufgaben mit verschiedenen Maßen (alle Schüler messen mit einheitlichen Gegenständen wie Heft, Stöckchen, Papierstreifen, Lineal usw.) und tragen die Ergebnisse in entsprechende Listen bzw. Arbeitsblätter ein. Im Vergleich der Daten stellen sie fest, daß man mit objektiven Maßen zu identischen Resultaten kommt. Beim Messen werden sowohl die Techniken *Auslegen mit den(d.h. mehreren) Meßeinheiten* als auch das *wiederholte Anlegen einer einzelnen Meßeinheit* geübt. Am Ende der Übung einigen sich die Schüler auf ein bestimmtes Meßgerät, z.B. eine Holzleiste oder einen Pappstreifen (Länge ca 1 m).

Übung 3.12.: „Wir tragen Markierungen auf unserem Maß ein"

Halbkreis vor der Tafel oder um den Gruppentisch. Der Lehrer hängt das Maß, auf das sich die Schüler in Übung 3.11. geeinigt haben, längs an die Tafel bzw. legt es auf den Gruppentisch. Er konfrontiert die Schüler mit der Problemstellung, zwei kürzere Gegenstände (z.B. Heft und Ordner) abmessen und vergleichen zu wollen. Die Schüler überlegen sich Alternativen, erproben verschiedene Strategien (z.B. Anlegen von Heft und Ordner an das Maß). Der Lehrer gibt ggf. Impulse (z.B. „Was kann ich tun, damit ich sehe wie lang die Sachen sind, auch wenn ich sie vom Maß weggenommen habe?"). Die Schüler markieren die Längen der Gegenstände auf dem Maß. An die Markierungen werden entsprechende Symbolkärtchen geheftet. Weitere Gegenstände werden auf dem Maß abgetragen. Vertiefung: Die Schüler vollziehen die gemeinsam erarbeiten Schritte auf ihrem eigenen Maß (aus Übung 3.11.) nach.

Übung 3.13.: „Wir tragen eine Skala auf unserem Maß ein"

Der Lehrer zeigt ein in regelmäßigen Abständen skaliertes Maß (Abstände 10 cm) ohne Bezifferung. Die Schüler vergleichen mit ihren Markierungen (vgl. Übung 3.12.). Sie stellen fest, daß die Striche nicht übereinstimmen und äußern Vermutungen. Der Lehrer weist ggf. auf die regelmäßigen Abstände hin, die Schüler überprüfen mit Hilfe von Pappstreifen (10 cm). Sie übertragen die Skalierung auf ihr Maß (Rückseite). Mit dem neuen Maß werden verschiedene Messungen durchgeführt. Dabei erkennen die Schüler eventuell bereits, daß die Skala für das Messen kleinerer Gegenstände zu grobrasterig und das Maß wegen seiner Länge unhandlich ist.

Übung 3.14.: „Wir kürzen unser Maß und bringen eine feinere Skalierung an"

Die Schüler erproben Pappstreifen unterschiedlicher Länge mit verschiedenen Skalierungen beim Abmessen verschiedener Gegenstände im

Für Ihre Notizen
(Bewertungen/Variationen/Erweiterungen)

Klassenraum (Heft, Stift, Schwamm, Bild etc.). Sie entscheiden sich für eine Länge (z.B. 25 cm) und eine feinere Skalierung (z.B. 5 cm). Mit Hilfe des Vergleichsobjektes stellen sie sich selbst ein solches „Lineal" aus Pappstreifen oder einer Holzleiste her. Mit diesem neuen Meßgerät werden im folgenden verschiedene Vorhaben durchgeführt.

Vorhaben 3.II.: „Wir bedrucken Tischdecken (Sets)"

Die Schüler messen mit Hilfe ihres neuen „Lineals" (vgl. Übung 3.14.) den Stoff für Tischdecke bzw. Set vom Stoffballen bzw. vom großen Stück ab. Je nach Lernvoraussetzungen säumen die Schüler den Stoff selbst bzw. wird diese Aufgabe vom Lehrer übernommen. Die Schüler entscheiden sich für eine ihnen bekannte Drucktechnik (z.B. Kartoffeldruck, Korkdruck). Sie erhalten die Anweisung, den Rand oder die gesamte Fläche des Stoffes in regelmäßigen Abständen (5 cm = 1 Einheit) zu bedrucken. Dafür stellen sie auf einem Blatt Papier (1:1) zunächst einen Probedruck her, bevor das eigentliche Material bedruckt wird. Die Abstände vom Stoffrand (10 cm) bzw. zwischen den Reihen sowie zwischen den einzelnen Drucken (5 cm) werden dafür jeweils mit Hilfe des „Lineals" (Übung 3.14.) abgetragen und mit Bleistift markiert.

Vorhaben 3.III.: „Wir fertigen Fransen-Girlanden an"

Für die Fransen-Girlanden werden Krepp- oder Seidenpapier-Streifen (Länge: 2 „Lineal"-Längen = ca. 50 cm; Breite: 3 Einheiten = 15 cm) abgemessen. Die Linien zum Einschneiden der Fransen zeichnen die Schüler auf beiden Längsseiten durch wiederholtes Anlegen der „Lineal"breite = ca. 3 cm (zuerst am Rand, dann an den markierten Linien) und Abtragen von 1 Einheit mit dem Filzstift ein. Da es für manche Schüler schwierig ist, zwei Begrenzungen gleichzeitig zu beachten, können die Abstände zwischen den Schneidelinien zuerst am Rand vormarkiert werden.

Die fertigen Stücke werden zusammengeheftet (Klammerhefter) und vor dem Aufhängen gedreht, so daß eine attraktive Girlande entsteht.

Variationen: Für schwächere Schüler werden die entsprechenden Stellen auf dem „Lineal" durch Klebeband farbig markiert, so daß die Einheiten nicht abgezählt werden müssen.

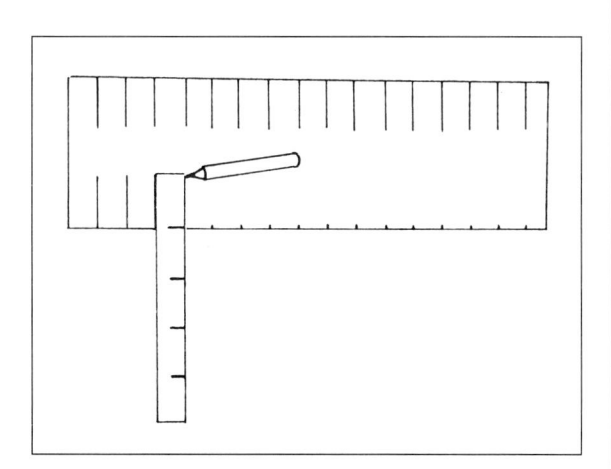

Übung 3.15.: „Wir ergänzen die Skala auf unserem Maß"

Für die weiteren Vorhaben unterteilen die Schüler die Skalierung ihres Meßgerätes nochmals feiner (1 cm - Abstände). Dabei können sie sich bereits an einem richtigen Lineal orientieren, wobei die Zahlenleiste sowie die Millimetermarkierungen noch außer Acht gelassen werden.

Vorhaben 3.IV.: „Wir fertigen ein Leder-Armband an"

Die Schüler erschließen mit Hilfe eines Anschauungsobjektes die Arbeitsschritte. Sie markieren die gewünschte Breite (z.B. 3, 4 oder 5 cm) mehrfach auf einem Lederstück, verbinden die Markierungen und schneiden einen längeren Streifen (nach Schätzung) ab. Die genaue Länge des Armbandes wird durch Anlegen des Streifens um das Handgelenk ermittelt. Je nach Verschluß (Druckknopf oder Schleife) wird etwas knapper oder überlappend abgemessen. Anschließend kennzeichnen die Schüler auf der Lederrückseite in Abständen von 1 cm (neue „Lineal"-Einheit, siehe Übung 3.15.) Punkte in knapper Entfernung (ca. 0,5 cm) vom Rand (Augenmaß). Mit der Lochzange werden an den markierten Stellen Löcher in das Leder gestanzt. Das Armband wird mit buntem Baumwollgarn oder dünnen Lederriemen durch „überwendliches" Umschlingen der Lochkanten verziert. Zuletzt bringen die Schüler an den Enden den Verschluß (Bänder für den Schleifenverschluß, Nieten für den Druckknopfverschluß) an.

Variationen: Nach demselben Prinzip können z.B. Stirnbänder, Gürtel, Lesezeichen, dekorative Sammelmappen oder Fotoalben hergestellt werden.

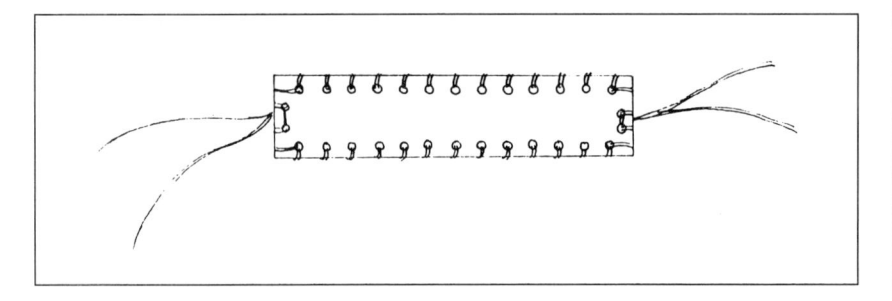

Für Ihre Notizen
(Bewertungen/Variationen/ Erweiterungen)

Übung 3.16.: „Wir lernen den Meter kennen"

Der Lehrer präsentiert Holzleisten (Pappstreifen) von 1 m Länge. Er informiert die Schüler über den Namen des Maßes. Die Schüler prägen sich den Begriff durch häufiges Wiederholen ein. Leistungsstärkere Schüler werden mit der Schreibweise (Ganzwort und Abkürzung) vertraut gemacht. Mit dem neuen Maß werden verschiedene Messungen durchgeführt (Klassenzimmer, Schulgebäude, Schulhof, Sportplatz), wobei die Schüler sowohl die Aufgabe erhalten, bestehende Längen zu ermitteln („Wie lang ist das Schulhaus?", „Wie lang ist der Pausenhof?", „Wieviel Meter Abstand liegen zwischen den beiden Toren auf dem Sportplatz?") als auch vorgegebene Strecken abzutragen („Wir messen von hier aus 5 m weit"). Die Strecken können mit Meterstreifen ausgelegt oder durch wiederholtes Anlegen (Zwischenstufe: Arbeiten mit zwei Metern) ermittelt werden. Nach jedem Meter sollte dabei eine Markierung angebracht werden (Kreidestrich), um das Anlegen zu erleichtern und das kontrollierende Nachzählen zu ermöglichen.

Vorhaben 3.V.: „Wir stellen uns ein Lineal her"

Die Schüler erhalten Plexiglasstreifen (ca. 20 cm). Die Meßskala (1 cm - Abstände) wird mit wasserfesten Folienstiften eingetragen. Akurates Arbeiten ist hier unbedingt erforderlich! Hilfen: Rutschfestes Fixieren des Plexiglases auf einer Schablone (Kopiervorlage 3/6). Partnerarbeit in leistungsheterogener Zusammensetzung ist hier günstig, wobei der stärkere Partner das Markieren übernimmt. Der schwächere Schüler kann die Ziffern für die Zahlenleiste (vorgefertigte Klebebilder) ablösen und ggf. mit Hilfe anbringen.

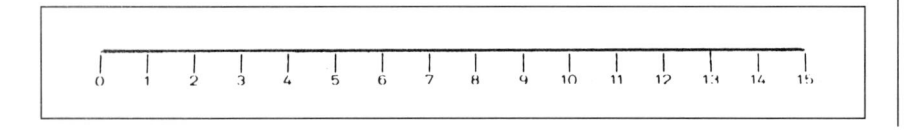

Variationen: Das Lineal kann selbstverständlich auch zusammen mit den Schülern im Schreibwarenladen oder Kaufhaus eingekauft werden. Lineale sind in der Regel so billig, daß sich das Herstellen mit all seinen Problemen kaum lohnt bzw. sinnvoll ist. Wir wählen dann mit den Schülern bereits eine Skala mit Millimeterabständen aus. Das Lineal sollte durchsichtig sein und möglichst an der linken Kante mit der Nullmarkierung abschließen!

Für Ihre Notizen
(Bewertungen/Variationen/Erweiterungen)

Vorhaben 3.VI.: „Wir stellen uns ein Winkelmaß her"

Bei der Herstellung eines Winkels haben wir zwei Alternativen. Die einfachste Lösung besteht darin, die Kopiervorlage 3/7 auf ein Stück Pappe zu kleben, mit Folie zu überziehen und dann erst genau auszuschneiden. Anschließend wird eventuell auch noch die Rückseite des Winkeldreiecks beklebt (Kopiervorlage 3/8) und foliert. Bei geänderter Vorlage können selbstverständlich Winkeldreiecke unterschiedlichster Größe nach diesem einfachen Prinzip angefertigt werden (Kopiervorlage 3/10). Dabei ist es jedoch wichtig, darauf zu achten, daß an der Ecke des rechten Winkels die Nullmarkierung genau ansetzt und nicht eingerückt ist, wie es bei vielen käuflichen Dreieckslinealen der Fall ist, da dies ein genaues Anlegen mit Hilfe des rechten Winkels sehr erschwert.

Die zweite Möglichkeit besteht in der Konstruktion eines Winkellineals durch rechtwinkliges Aufeinanderkleben von Papp- besser jedoch Plexiglasstreifen und Anbringen der Skalierung mit Hilfe von Permanentfolienstiften bzw. Aufkleben einer vorgegebenen Skala (z.B. Kopie der Vorlage 3/9 auf Tageslichtprojektorfolie) mit transparentem Glaskleber. Etwas komplizierter ist das Anfertigen des Winkellineals aus Holz. Hier sollte sich ein Lehrer, der Laie auf diesem Gebiet ist, vom fachkundigen Werklehrer beraten lassen.

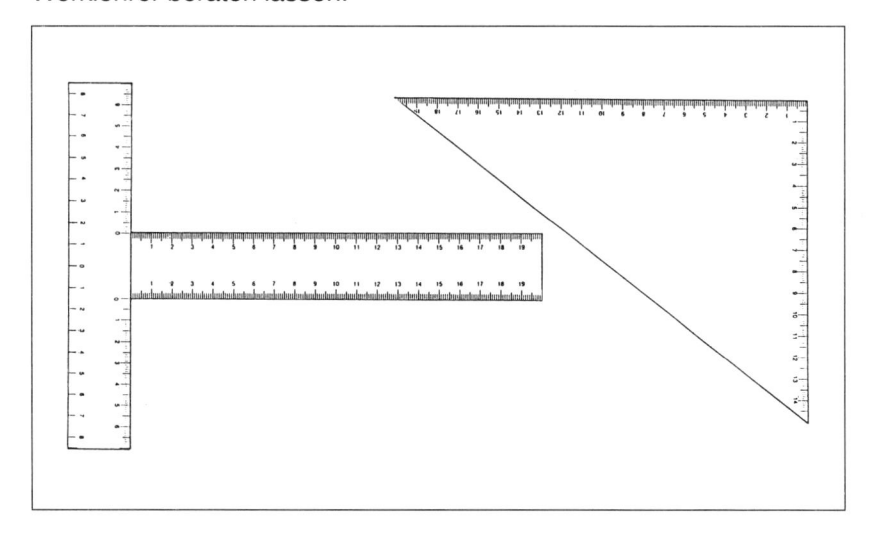

Vorhaben 3.VII.: „Wir stellen uns einen Meterstab her"

Der Meterstab wird am besten unter Anleitung des Werklehrers aus einer Latte oder Holzleiste angefertigt. Die Skalierung kann z.B. mit Hilfe des Brennpeters aufgebracht werden. Besonders schön und übersichtlich ist der Meterstab, wenn er in 10 cm-Abständen verschiedenfarbig gebeizt bzw. angemalt und lakiert wird, wobei die Zehnerzahlen in der entsprechenden Farbe und deutlich größer als die übrigen Zahlen gehalten sein sollten.

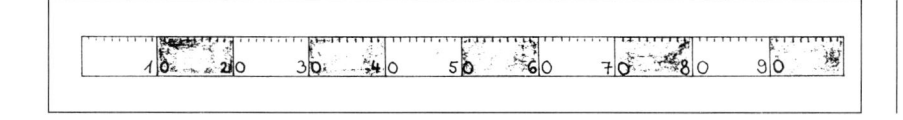

Lernziel 4:	Konventionelle Meßgeräte kennenlernen und benutzen

4a) Mit dem Lineal umgehen können
4b) Mit dem Zollstock umgehen können
4c) Mit dem Maßband umgehen können

Die meisten Schüler eignen sich auch den Umgang mit konventionellen Meßgeräten vorwiegend unter pragmatischem Aspekt an. Manche werden die Meßinstrumente eventuell nur mit individueller Hilfestellung in komplexeren Situationen anwenden können. Insbesondere die Benennung der verschiedenen Maßeinheiten „Meter", „Zentimeter", „Millimeter" macht einem Großteil der Schüler Schwierigkeiten. Dies mag zum einen daran liegen, daß Geistigbehinderte Probleme beim Speichern und Differenzieren sprachlicher Begriffe haben, zumal wenn diese ähnlich klingen. Naheliegend erscheint jedoch auch die Erklärung, daß die Schüler sich unter diesen „Formeln" einfach nichts vorstellen können und wir auch durch Erklärungen und Argumente kein echtes Verständnis für das „innere System" der Maßeinheiten entwickeln können. Bezeichnungen, mit denen kein Bedeutungsgehalt verbunden ist, kann sich auch der Normalbegabte nur sehr schwer merken. Oftmals müssen wir unserem Gedächnis mit „Eselsbrücken" auf die Sprünge helfen, um z.B. Vokabeln, technische Ausdrücke, Ortsnamen oder Artikelbezeichnungen dauerhaft zu behalten. Bei der Einführung von Lineal, Zollstock und Maßband ist es daher sinnvoll, sich zunächst auf die beiden Termini „Meter" und „Zentimeter" zu beschränken. Neben einer ausführlichen Begutachtung und Darstellung der beiden Maßeinheiten, auf die wir auch bei unseren Schülern keinesfalls verzichten sollten, können wir z.B. Gesten bzw. Handzeichen zur Unterstützung der Begriffsunterscheidung anbieten. So kann der *Meter* eventuell durch die Geste „Arme ausbreiten" (*sooo* lang ist der Meter), der *Zentimeter* dagegen durch das Handzeichen mit Daumen und Zeigefinger (so winzig/kurz/klein ist der Zentimeter) anschaulich gemacht werden. Das häufige „Memorieren" und „Repetieren" in der konkreten Anwendungssituation ist dabei unerläßlich!

Für die meisten Schüler erweist sich eine Besprechung der Umrechnungsmodalitäten von Meter in Zentimeter als wenig angemessen. Auch die Dezimalschreibweise kann nur sehr leistungsstarken Schülern sinnvoll vermittelt werden. Wie weit wir in diesem Bereich gehen können, ist nur durch den individuellen Lehrversuch zu ermitteln. Für viele Schüler stellt das Unterscheidenkönnen der Zeichen „m" und „cm" bereits eine außerordentliche Spitzenleistung dar. Von mechanischen Rechenübungen auf dem Arbeitsblatt sollten wir jedoch auch bei sehr leistungsstarken Schülern in jedem Fall die Finger lassen, da dies die Schüler keinesfalls mit alltagsrelevanten Handlungskompetenzen ausstattet.

Im folgenden werden neben wichtigen grundlegenden Übungen einige Themen exemplarisch für den vorhabenorientierten Unterricht unter dem Gesichtspunkt „Anlässe für das Messen mit konventionellen Meßgeräten" dargestellt. Die Beschreibung der einzelnen Vorhaben fällt dabei zwangsläufig sehr oberflächlich und bruchstückhaft aus. Die Vorschläge sollen hier vor allem als Denkanstöße dienen und haben lediglich Beispielcharakter, da die unterschiedlichsten Realisierungen möglich, jedoch in hohem Maße vom werktechnischen Kenntnisstand des Lehrers und der Schüler sowie von den zur Verfügung stehenden Materialien bzw. der Finanzierbarkeit abhängig sind. Je stärker die Schüler in die Planung des Vorhabens einbezogen und an den wesentlichen Entscheidungen mitbeteiligt werden, desto problematischer erweist sich zudem eine Darstellung eingleisig verlaufender Handlungsschritte.

Über die genannten Vorschläge hinausgehende Hilfen und Ratschläge sind der Fachliteratur (siehe z.B. Literaturverzeichnis) zu entnehmen.

Für Ihre Notizen
(Bewertungen/Variationen/Erweiterungen)

Lernziel 4a: Mit dem Lineal umgehen können

Der Umgang mit dem Lineal läßt sich prinzipiell in zwei Momente aufgliedern. Erstens in den motorischen Umgang mit dem Zeichengerät, zweitens in den eigentlichen Meßvorgang.

Beim Linienziehen und Anbringen von Markierungen mit Hilfe des Lineals gilt es, die bereits unter Lernziel 2 (Vorbemerkungen) aufgeführten Punkte zu beachten. Ist den Schülern die notwendige Anlege- und Zeichentechnik bereits bekannt und treten keine gravierenden motorischen Schwierigkeiten bei der Handhabung von Schablonen mehr auf, so können sie das Lineal einfach als „Spezialschablone" benutzen. Wirft die motorische Handhabung des Lineals jedoch noch größere Probleme auf, so muß ein kleiner Lehrgang eingeschoben werden (vgl. Übungen 4a.1. bis 4a.7.). Hierbei erweist sich der Einsatz spezieller Hilfsmittel als günstig. Besser als das „normale" Lineal eignet sich der Winkel (vgl. Vorhaben 3.VI.) für die ersten Zeichenversuche, da er eine größere Haltefläche bietet und wir von Anfang an das rechtwinklige Anlegen an Rändern, Kanten und Linien üben können. Es ist wichtig, daß sich die Schüler eine gespreizte Handhaltung beim Fixieren des Lineals zu eigen machen, da punktueller Druck das Verrutschen des Zeichengerätes nicht verhindern kann, vor allem, wenn mit fehlender Kraftdosierung gearbeitet wird. Schüler, die nur eine Hand gut einsetzen können (Hemiplegie), statten wir mit einem schweren Metall-Lineal mit rutschfester Unterseite aus, hier sind im Unterschied zum Holz- und Plastiklineal auch mittige Halteknöpfe sinnvoll. Für Schüler mit besonderem feinmotorischem Handicap eignen sich zu Markierungszwecken Lineale, die auf der einen Seite in Bleistiftspitzenbreite eingekerbt sind. Solche Hilfsmittel sind jedoch im Handel nur schwer zu finden und müssen ggf. im Werkunterricht selbst hergestellt werden. Das Festkleben des Lineals (doppelseitiges Klebeband) auf der Zeichenfläche sollte möglichst vermieden und wenn, dann nur in gravierenden Ausnahmefällen als Hilfe eingesetzt werden, da es sich beim Linial um ein sinnvollerweise variables Zeichengerät handelt.

Das „eigentliche" Messen erfordert ein Erkennen- und Beachtenkönnen der Maßskala. In diesem Zusammenhang gewinnt der Nullpunkt besondere Bedeutung. Wir helfen unseren Schülern beim Messen mit dem Lineal sehr, wenn wir Geräte einführen, deren Nullpunkt mit der linken Außenkante zusammenfällt. Viele käuflichen Lineale haben eine eingerückte Skala, was häufig zu Verwirrung und Mißverständnissen bei den Schülern führt. Sollten wir mit solchen Instrumenten arbeiten müssen, macht dies eine sehr einprägsame und nachvollziehbare Erläuterung notwendig. Des weiteren sind durchsichtige Lineale (Plexiglas) den üblichen Holz- und farbigen Kunststofflinealen vorzuziehen. Sie erleichtern z.B. das kontrollierende Verschieben des Lineals über den Strichen, um mit der Zahlenleiste näher an die Markierungspunkte zu kommen.

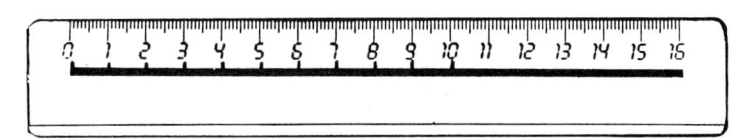

Schüler, die sich auf dem Zahlenstrahl schon ein wenig zurechtfinden, Ziffern lesen und schreiben können, haben erfahrungsgemäß nur wenig Schwierigkeiten, sich an das Lineal zu gewöhnen. Anders ist dies bei

Schülern, die sich im Zahlenraum bis 10 wenig oder gar nicht auskennen. Für diese Schüler muß das Lineal von Fall zu Fall mit eindeutigen Markierungen versehen werden. Diese lassen sich jedoch mit buntem Klebeband so plakativ gestalten, daß auch sehr schwache Schüler selbständig mit dem Lineal arbeiten können. Das Unterscheiden der einzelnen Striche (Millimeter, 0,5 cm- und 1 cm-Strich) auf der Skala, sowie die Zuordnung zur Zahlenleiste muß mit den Schülern sorgfältig erarbeitet werden. Schüler mit Schwierigkeiten bei der visuellen Wahrnehmung sind ggf. auf zusätzliche, z.B. taktile Orientierungshilfen angewiesen. Ggf. müssen hier auch Lineale ohne Millimetereinteilung angeboten werden.

Da das Messen eine Arbeitstechnik ist, bei der es in besonderem Maße auf Sorgfalt und Genauigkeit ankommt, müssen wir den Schülern einsichtig machen, wie wichtig *wiederholte Kontrollen* der Meßergebnisse sind, ja, daß es sich hierbei um einen *Bestandteil* der korrekten Meßtechnik handelt. Diese erst gewährleistet, daß es nicht zu Materialvergeudung oder ärgerlichen Mängeln an einem Werkstück kommt, in vielen Fällen verhindert sie sogar das Mißlingen des gesamten Vorhabens. Übertriebene Pingeligkeit beim Messen kann es daher gar nicht geben. Selbstverständlich heißt dies nicht, daß wir zum Millimeter-Fuchser gegenüber Schülern werden sollen, die aus motorischen oder wahrnehmungsbedingten Gründen nicht zur haargenauen Ausführung der Technik in der Lage sind. Leistungsstärkeren Schülern jedoch, die lediglich ungeduldig und unkonzentriert zu Werke gehen, kann in diesem Zusammenhang auf objektive Weise Rückmeldung und Kritik zuteil werden. Je nach sozialem Zusammenhalt einer Lerngruppe bieten sich partnerschaftliche Kontrollen oder Prüfdurchgänge in Einzelarbeit an. Bei einem Unterrichtsgang in eine nahegelegene Schreinerei oder Zimmermannswerkstatt kann dieser Punkt aus „berufenem Munde" angesprochen werden, um den Schülern klarzumachen, daß die Überprüfung der Meßergebnisse zum richtigen Handwerk mit dazu gehört und nichts mit ihrer Person (die ständig kontrolliert werden muß) zu tun hat.

Beim Messen mit dem Lineal sind unterschiedliche Verfahren zu unterscheiden. Die beiden einfachsten Techniken betreffen das Ablesen der Maßzahl am Ende der Meßstrecke bzw. das Abtragen einer vorgegebenen Länge vom ganzen Stück. Gegenüber den Aufgabenstellungen aus Lernziel 3 besteht der erhöhte Schwierigkeitsgrad darin, den Endpunkt der Meßstrecke zu lokalisieren und die entsprechende Maßzahl zu erkennen bzw. eine bestimmte Zahl auf dem Lineal zu finden und die Markierung am entsprechenden Einteilungsstrich anzusetzen. Schwieriger wird es, wenn gleichmäßige Abstände abgetragen werden sollen, etwa je 2 cm zwischen Bohrlöchern. Schüler, die das Additionsprinzip nicht beherrschen, kommen zwar durch wiederholtes Anlegen und Abtragen zum Ziel, es besteht jedoch die Gefahr eines sich kummulierenden Meßfehlers. Hier hilft eventuell die Technik des Weiterzählens von Einheiten weiter, die jedoch bei manchen Schülern zur Desorientierung führt, da hierbei die Zahlenleiste außer Acht gelassen werden muß (Ausprobieren!). Andererseits können wir einigen Schülern das Lineal auf diese Weise sogar als „Rechenmaschine" schmackhaft machen („Jetzt bin ich bei 2 cm, noch 2 cm dazu, dann bin ich bei 4 cm"). Das anspruchsvollste Verfahren stellt das Messen vom mittigen Nullpunkt aus dar (Geo-Dreieck). Eine Reihe von Schülern wird sich jedoch auch diese Technik aneignen können. Vorausgesetzt ist dabei allerdings, daß sie das Messen mit dem einfachen Lineal bzw. Winkel problemlos beherrschen und die Nulldefinition nachvollziehen und je nach Meßinstrument anwenden können.

Für Ihre Notizen
(Bewertungen/Variationen/Erweiterungen)

Zeichenlehrgang mit dem Lineal:

Übung 4a.1.: „Striche ziehen"

Der Lehrer zeigt ein liniertes Blatt („Schreibpapier"), fordert die Schüler auf, auch ein Blatt zu linieren. Falls die Schüler freihändig zeichnen, werden die Ergebnisse hinterher mit dem Demonstrationsstück verglichen und bewertet. Die Schüler überlegen, wie man gerade Striche ziehen kann, der Lehrer verweist ggf. auf das Lineal. Er klärt im Gespräch um den Demonstrationstisch mit den Schülern, wie man das Lineal hält (gespreizte Handhaltung), zeigt, was passiert, wenn rechts oder links Druck ausgeübt wird und das Lineal nur an einer Stelle fixiert ist (es verrutscht nach unten). Die Schüler probieren die Handhaltungen aus, fahren mit dem Finger mit Druck an der Linealkante entlang, überprüfen sich gegenseitig. Anschließend versuchen sie, mit dem Bleistift/Farbstift Linien zu ziehen. Im Gruppen- und Einzelgespräch arbeitet der Lehrer die wichtigen Punkte heraus:

- Abstandfreies Ansetzen des Stiftes an der oberen Linealkante (das Linienziehen entlang der unteren Linealkante ist zu vermeiden, da es mit der Handstellung kollidiert).
- Entlangziehen des Stiftes mit gleichmäßigem Druck gegen die Kante.

Variationen: Das Stricheziehen kann unter verschiedenen Aufgabenstellungen eingeübt und gefestigt werden:

- „Moderne Kunst":
  Linienbilder (Unterteilen des Blattes in unregelmäßigen Abständen mit Linien, Ausmalen mit verschiedenen Farben), Kästchenbilder „Paul Klee" (wie oben, jedoch längs und quer), Partnerbilder (zwei Schüler teilen sich ein Blatt, zeichnen abwechselnd eine Linie in beliebiger Raumlage auf das Papier, dabei zunächst nur das Blatt, noch nicht das Lineal drehen)
- Briefbögen/Grußkarten linieren (Abstand nach Augenmaß, eventuell in Linealbreite, dann muß jedoch auf dem Blatt von unten nach oben gearbeitet werden: Anlegen der Linealunterseite am gezeichneten Strich)
- Tabellen für Wettspiele (Würfeln, Kegeln) zeichnen (Abstände und rechter Winkel nach Augenmaß)

Übung 4a.2.: „Linien vom Ausgangspunkt aus ziehen"

Die Schüler zeichnen von einem Punkt aus Linien in verschiedenen Richtungen (Nullpunkt richtig anlegen, zunächst: Blatt drehen, später: Lineal drehen!): Stern, Blume, Feuerwerk

Variationen: Ggf. vorherige Erarbeitung am Tageslichtprojektor. Steigerung des Schwierigkeitsgrades durch Stricheziehen von einer Grundlinie aus (Kopiervorlage 4/1):

- Gerade: Besen, Kamm, Fransen am Teppich
- Kreis: Sonne, Sonnenblume, Spinne, Kopf mit Haaren
- Ovale Form: Käfer, Tausendfüßler, Raupe, Tischdeckchen mit Fransen

Für Ihre Notizen
(Bewertungen/Variationen/Erweiterungen)

Übung 4a.3.: „Striche nachfahren"

Die Schüler legen das Lineal an vorgegebene Linien an und fahren sie mit *Filzstift* nach. Für diese Übungen können z.B. Bleistiftzeichnungen aus Übung 4.1. oder die Kopiervorlage 4/2 verwendet werden. Dabei - falls vorhanden - die *Zeichenkante* des Lineals (mit Abstand von der Unterlage!) verwenden, damit der Strich nicht verwischt und das Zeichenpapier nicht verunreinigt wird.

Variationen: Einfache geometrische Figuren (Dreieck, Quadrat, Rechteck) nachzeichnen (Kopiervorlage 4/3).

Übung 4a.4.: „Punkte verbinden"

Arbeitsblatt: Die Schüler legen das Lineal an zwei Punkten an (links immer am Nullpunkt!) und verbinden sie. Festigung durch Partnerarbeit: Ein Schüler malt für seinen Partner zwei Punkte auf's Papier, die dieser verbindet und umgekehrt.

Variationen: Die Schüler zeichnen mit Hilfe des Lineals Bilder nach Zahlen (Kopiervorlage 4/4), kontrollieren ihr Ergebnis selbst an einer Prüffolie.

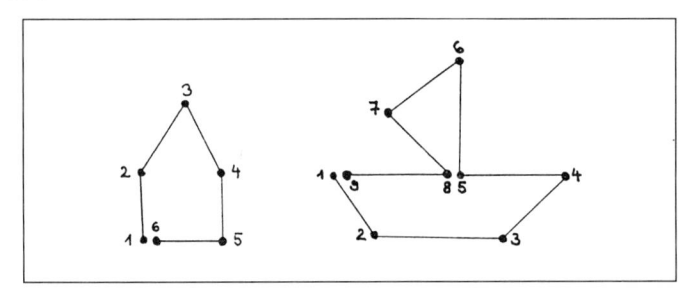

Übung 4a.5.: „Freies Zeichnen mit dem Lineal"

Die Schüler entwickeln gemeinsam ein Bild auf dem Tageslichtprojektor oder auf der Zeichenfläche am Gruppentisch (z.B. zum Thema Haus), indem sie reihum Linien mit dem Lineal ziehen. Der Lehrer macht ggf. den Anfang und gibt Impulse und Hilfestellungen. Ergänzende Kreise und Bögen können mit dem Schablonenlineal gezeichnet werden. Nach der Erarbeitung wählt sich jeder Schüler ein Thema aus (Hochhäuser, Lokomotive, Auto, Wiese) und fertigt ein individuelles Bild an.

Übung 4a.6.: „Zeichnen rechtwinkliger Formen mit dem Winkellineal"

Die Schüler fertigen mit Hilfe des Winkellineals rechtwinklige Formen beliebiger Größe aus Tonpapier an (Dreieck, Quadrat, Rechteck) und üben dabei das richtige Anlegen des Winkels an Papierkanten und Linien. Die Formen werden ausgeschnitten und anschließend zu einem bunten Mosaik zusammengesetzt.

Übung 4a.7.: „Umgang mit dem Tafellineal"

Problemsituation: Der Lehrer versucht, an der Tafel etwas freihändig zu unterstreichen (z.B. Datum o.ä.) oder eine Tabelle (für Würfelspiel) zu zeichnen, äußert Unzufriedenheit über die „verwackelten" Striche, befragt die Schüler nach Alternativen. Die Schüler bringen Vorschläge ein und erproben sie. Der Lehrer zeigt ggf. das Tafellineal, die Schüler probieren es aus. Sie kommentieren die Ergebnisse (Strich gelungen/ nicht gelungen) und ziehen eventuell mit Hilfe des Lehrers Schlüsse für die richtige Handhabung (Was war richtig/falsch? Worauf muß besonders geachtet werden?):

- Führung an der Linealkante suchen und mit festem Kontakt entlangfahren
- Lineal fest auf die Oberfläche (Tafel) drücken, damit es nicht verrutscht

Für Ihre Notizen
(Bewertungen/Variationen/ Erweiterungen)

Längenmessen mit dem Lineal:

Übung 4a.8.: „Die Lineal-Skalierung kennenlernen und die Grundtechniken einüben"

Diese „trockene", nichtsdestotrotz aber wichtige Übung muß dem Messen im konkreten Sinnzusammenhang unbedingt als Einführung vorgelagert werden, um die Schüler mit den notwendigen Kenntnissen auszustatten. Schließlich läßt man auch keinen Fahrschüler mit dem Auto losfahren, bevor man ihm den Unterschied zwischen Gas und Bremse erklärt hat. Wir führen die Übung am besten mit einzelnen Schülern bzw. in Kleingruppenarbeit durch, da hier die Hilfen und Impulse optimal individualisiert werden und Fehlerkorrekturen sofort erfolgen können.

Lehrer und Schüler betrachten gemeinsam das Lineal und klären die Bedeutung der verschiedenen Strichmarkierungen und Zahlen. Insbesondere werden hierbei geübt:
- Das Erkennen der Zentimetermarkierungen
- Die Anwendung des Handzeichens für Zentimeter (mit Zeigefinger und Daumen den Abstand zeigen)
- Das Finden des Nullpunktes
- Das Zuordnen von Zahl und entsprechendem Markierungsstrich
- Das Ablesen der Zahlen
- Das Auffinden von Zahlen, eventuell nach schriftlicher Vorlage
- Das Abmessen vorgegebener Linien (ganze Zentimeter-Beträge)
- Das Zeichnen von Linien vom Nullpunkt aus bis zu einer vorgegebenen Zentimetermarkierung/Zahl
- Das Markieren einer Länge auf einer Linie durch Anzeichnen
- Das Einzeichnen rechtwinkliger Linien vom Nullpunkt aus (nur, wenn mit dem Winkel gearbeitet wird!)

Variationen: Während der Lehrer mit einem Schüler individuell arbeitet, festigen die anderen Schüler ihre Fertigkeiten in Stillarbeit am Arbeitsblatt (Kopiervorlagen 4/5 - 4/7). Sehr leistungsstarke Schüler können zusätzlich in die „Systematik" des Geo-Dreicks eingeführt werden. Schüler, die nicht mit dem Winkel umgehen können, weil die verschieden Zahlenleisten verwirrend wirken, erhalten entweder einen vereinfachten Winkel mit nur einer Zahlenleiste bzw. zunächst ein einfaches Lineal (Nullpunkt an der Außenkante!).

Übung 4a.9.: „Linien-Diktat"

Der Lehrer diktiert der Klasse nacheinander verschiedene Maßbeträge, die von den Schülern als Linie auf ein Arbeitsblatt gezeichnet werden. Die Schüler tauschen die Blätter nach jeder Aufgabe aus und kontrollieren sich gegenseitig.

Variationen: Das Lineal wird immer wieder am Endpunkt der zuletzt gemessenen Strecke angelegt, es entsteht eine lange Linie auf der unterschiedliche Abstände markiert sind. Die Kontrolle der Meßergebnisse erfolgt durch Auflegen einer Prüffolie.

Noch schwieriger: Einbezug von Raumlage-Anweisungen (z.B. senkrecht/waagerecht bzw. nach oben/unten/rechts/links), wobei ein Lösungsbild entstehen kann (vgl. Bilder nach Zahlen). Ist auch als Arbeitsblatt mit symbolisierter Arbeitsanweisung möglich (Kopiervorlage 4/8).

Übung 4a.10.: „Tabellen herstellen"

Die Schüler fertigen mit dem Winkellineal Tabellen z.B. für Stundenplan, Essensliste, Wettspiele, Sportfest o.ä. an, indem sie Din A4-Bögen nach Vorgabe linieren.

Bsp. Stundenplan (42 Felder):

Querformat: Abtragen von 5 cm-Abständen am oberen und unteren Blattrand, Verbinden. Längsformat: Abtragen von 3 cm-Abständen.

Vorhaben 4a.I.: „Wir stellen Brett-Spiele her"

Die Schüler bilden Arbeitsgruppen. Jede Gruppe entscheidet sich für die Herstellung z.B. eines der folgenden Brett-Spiele: Trio-Trix, Isola, Dame, Mühle. Die Spiele können mit wenig Aufwand aus Pappe, ggf. aber auch aus Holz angefertigt werden. Entsprechende Ratschläge für die Holzverarbeitung bitte beim Werklehrer erfragen oder in der Fachliteratur nachlesen!

Bsp. 1: Trio-Trix (Drei in einer Reihe):

Material: Spielbrett 30 cm x 30 cm, 9 Felder 10 cm x 10 cm, 10 Legekarten (je 5 mit Kreis- und Kreuzsymbol) 10 cm x 10 cm, Punktetabelle mit zwei Spalten

Arbeitsschritte:
- Abmessen und Ausschneiden des Spielbrettquadrates
- Abtragen der Feldabstände
- Einzeichnen der Linien
- Folieren des Spielbrettes (Folie 34 cm x 34 cm, ggf. 2 Stücke von 18 cm x 34 cm, 2 cm überlappend)
- Abmessen und Ausschneiden der Legekarten
- Bekleben oder Bemalen mit Kreis- und Kreuzsymbolen
- Folieren der Legekarten (Folie 11 cm x 11 cm)
- Herstellen einer Punktetabelle (vgl. Übung 4a.10)

Regel: Jeder Spieler erhält 5 Legekarten einer Sorte. Abwechselnd wird je eine Karte auf dem Spielfeld abgelegt, das Kreissymbol beginnt. Die Spieler versuchen, drei ihrer Karten in einer Reihe zu plazieren (waagrecht, senkrecht, diagonal), wem dies zuerst gelingt, hat gewonnen bzw. erhält einen Punkt.

Bsp. 2: Isola (Gefangen auf der Insel):

Material: Spielbrett 36 cm x 36 cm (blauer Fotokarton), 36 Felder 6 cm x 6 cm bei, 34 Legekarten 6 cm x 6 cm (gelber Fotokarton), 2 Styroporhalbkugeln o.ä. mit roter und schwarzer Krone oder zwei verschiedenfarbige Spielpuppen (z.B. Könige aus einem Schachspiel)

Arbeitsschritte:
- Herstellung der Materialien wie in Bsp. 1
- Vor dem Folieren des Spielfeldes werden das 2. bzw. 3. Feld der ersten und letzten Reihe des Spielfeldes mit gelbem Papier beklebt und mit Konensymbolen versehen (Ausgangsfelder)

Regel: Das Spielfeld wird mit dem Kärtchen belegt, die Spielfiguren auf den Ausgangsfeldern plaziert. Die Spieler ziehen abwechselnd (Rot beginnt), wobei jeder Zug zwei Schritte umfaßt:

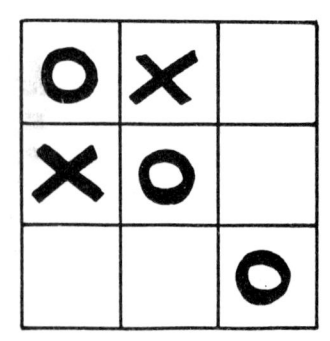

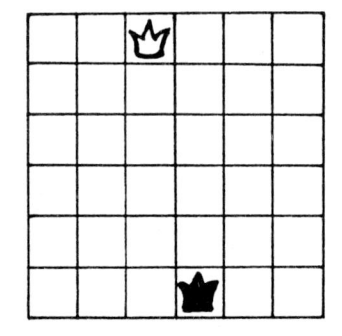

Für Ihre Notizen
(Bewertungen/Variationen/Erweiterungen)

1. Setzen der Spielfigur auf ein benachbartes Feld. Alle Richtungen sind erlaubt, es dürfen jedoch nur Felder betreten werden, die mit einem Kärtchen belegt oder Ausgangsfelder sind.

2. Entfernen eines Kärtchens vom Spielfeld, um die Bewegungsfreiheit des Gegners einzuschränken.

Kann ein Spieler nicht mehr ziehen, weil er „auf einer Insel gefangen" ist, hat er das Spiel verloren.

Vorhaben 4a.II.: „Wir schneiden Briefkarten zu"

Für die Briefkarten eignet sich das Format 10 cm x 15 cm, das zwar nicht der Din-Norm entspricht, jedoch in die entsprechenden Briefumschläge paßt und aufgrund der geraden Zentimeter-Beträge besser von den Schülern abgemessen werden kann. Auf größeren Papierbögen tragen die Schüler mehrfach Längs- und Querformate ab, zeichnen die Linien ein und schneiden die Karten aus (ggf. Papierschneidemaschine benutzen).

Variationen: Zuschneiden von Abbildungen im gleichen Format (z.B. aus Zeitschriften), die auf die Karten geklebt werden; ergibt dekorative Postkarten. Schwieriger: Zuschneiden und Aufkleben kleinerer Formate (ggf. Passepartout für das Zentrieren auf der Karte verwenden). In ähnlicher Weise können Geschenkanhänger, Fotoalben, Sammelmappen, Plakate u.v.a.m. hergestellt werden.

Vorhaben 4a.III.: „Wir rahmen Bilder ein"

Die Schüler bringen Bilderrahmen unterschiedlichster Formate von zu Hause mit, kaufen sie mit dem Lehrer ein oder stellen sie selbst her (Vorhaben 4a.IV.). Aus Illustrierten, Postern etc. wählen die Schüler Bildausschnitte passender Größe aus und schneiden sie für die Rahmen zurecht.

Variationen: Die Schüler suchen aus Zeitschriften, Kalendern o.ä. Bilder für den Klassenraum heraus und notieren die Formate. Im Fachgeschäft werden passende Rahmen gekauft. Stimmen die Formate teilweise nicht überein, werden die Bilder entsprechend zugeschnitten bzw. mit buntem Tonpapier unterlegt. Billiger: Herstellen von Passepartouts aus Tonpapier und Aufziehen der Bilder auf Karton.

Tip: Für das Ausschneiden von Passepartouts sind Schneidemesser besser als Scheren geeignet.

Vorhaben 4a.IV.: „Wir bauen Bilderrahmen"

Bilderrahmen können in beliebigen Formaten mit Hilfe einfachster Verfugungstechniken zusammengebaut werden. Die Schüler messen dafür die Seitenlängen des Rahmens z.B. 4x20 cm von einfachen Holzleisten (z.B. 3 cm breit, 2 cm dick) ab, sägen sie zu und schleifen sie glatt. Anschließend werden die Leisten verleimt und vernagelt.

Variationen: Eine anspruchsvollere Holzverbindung stellt das Aneinanderleimen der mit Hilfe des Dreieck-Winkels (bzw. der Gehrungssäge) auf 45 Grad abgeschrägten Holzleisten dar.

Vorhaben 4a.V.: „Wir bauen ein Windspiel"

Aus einfachen Rundhölzern entsteht ein dekoratives Windspiel, wenn die Hölzer in unterschiedlichen Längen abgesägt, am oberen Ende gebohrt und in verschiedenen Farben gebeizt werden. Die einzelnen Hölzer können mit Schnur oder Zwirnsfaden an einem kleinen Holzreif oder einer

Für Ihre Notizen
(Bewertungen/Variationen/Erweiterungen)

Stange befestigt werden.

Vorhaben 4a.VI.: „Wir bauen einen Webrahmen"

Der Webrahmen besteht aus 4 stabilen Holzleisten (2 x je 30 und 40 cm), die an den Ecken aufeinandergenagelt werden. In Abständen von je einem Zentimeter markieren die Schüler Punkte auf der Ober- und Unterleiste und schlagen Nägel für die Kettfäden ins Holz. Der Rahmen wird bespannt und z.B. mit unterschiedlichsten Materialien (Rohwolle, Gräser, Bast, Stoffstreifen) bewebt. Die Arbeit verbleibt auf dem Rahmen und wird so aufgehängt.

Vorhaben 4a.VII.: „Wir fertigen einen Holz-Untersetzer an"

Der Holz-Untersetzer wird aus Vierkanthölzern (z.B. 1,5 cm x 1,5 cm) hergestellt. Zwei Alternativen sind denkbar:

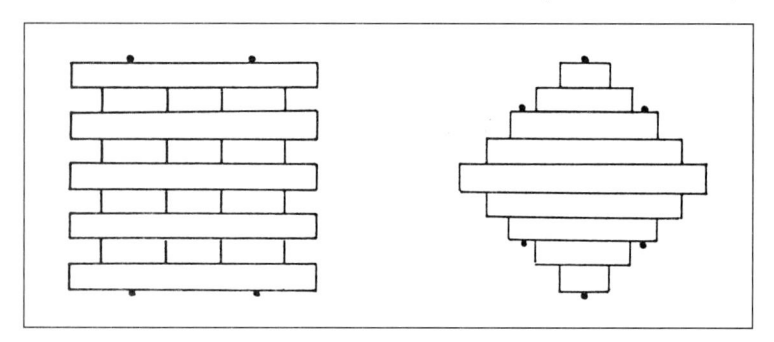

Für die Form 1 wird das Vierkantholz in 5 Stücke von je 15 cm und in 8 Stücke von je 4 cm gelängt, gesägt und abgeschliffen. Die Bohrlöcher werden beim langen Stück im Abstand von je 4 cm von den Enden, beim kurzen Stück mittig (2 cm vom Rand) eingezeichnet (ggf. Schablonen verwenden) und gebohrt. Wir verbinden die Stücke, indem wir abwechselnd ein langes und zwei kurze Holzstücke auffädeln (dicker Bindfaden) und die Enden verknoten. Wird jeweils zwischen den einzelnen Holzstücken geknoten, so bekommt der Untersetzer größere Flexibilität.

Die Form 2 ist wegen der Vielfalt der anfallenden Meßaufgaben interessanter, jedoch auch anspruchsvoller. Im Prinzip unterscheiden sich jedoch lediglich die Abmessungen der Holzstücke, das übrige Verfahren bleibt gleich.

Variationen: Arbeiten nach Plan im Maßstab 1:1 (Kopiervorlage 4/9).

Vorhaben 4a.VIII.: „Wir bauen ein Xylophon"

Als Vorbereitung für den Bau eines Xylophons ist die Herstellung von einfachen Klangstäben zu empfehlen. Diese können aus möglichst runden Fichtenhölzern (daumendick) angefertigt werden, wenn man sie auf ca. 20 cm kürzt, zufeilt und glättet. Zwei Hölzer ergeben ein Spiel, indem sie aneinandergeschlagen werden. Man kann aber auch einen einzelnen Stab auf zwei dicke Schnüre und über eine Zigarrenkiste legen und mit einem Holzklöppel bespielen. Kürzere Stäbe erzeugen dabei höhere Töne als längere; dickere Stäbe tönen höher als dünnere von gleicher Länge. Durch Probieren und Experimentieren kann auf diese Weise eine ganze Tonpalette zusammengestellt werden. Die Schüler schneiden und feilen einen Stab solange kürzer, bis er die gewünschte Tonhöhe hat. Bei dieser „Abstimmarbeit" muß gegen Ende immer vorsichtiger vorgegangen werden, d.h. daß der Ton nach jedem Feilenstrich durch Anschlagen mit dem Klöppel geprüft werden muß. Ist der Ton versehentlich zu hoch geraten, so wird der Klangstab dünner gefeilt. Ein Sägeschnitt in der Mitte des Klangholzes hat die gleiche Wirkung. Es ist auch nicht gleichgültig, an welchen Stellen des Holzstabes die Schnurunterlage liegt. Durch Verschieben und Testen findet man die beste Stelle heraus. Alternativ können die Klangstäbe auch an Schnüren aufgehängt und quasi als Glockenspiel benutzt werden. Mit drei Stäben G, A und E lassen sich bereits viele Lieder begleiten.

Das eigendliche Xylophon besteht aus 9 Klangbrettchen, die nach dem selben Prinzip wie die Klanghölzer hergestellt und auf einem festen trapezförmigen Holzrahmen aufgelegt werden. Die einzelnen Klangbrettchen müssen ganz locker und herausnehmbar in Holz- oder Metallstifte gesetzt werden. Der Ton der Klangbrettchen wird voller, wenn sie auf einer Filzunterlage aufliegen und mit einem Filzklöppel bespielt werden. Der Resonanzkasten hat bei einer Länge der Klangstäben zwischen 26 cm und 9 cm etwa folgende Maße: Wandhöhe 20 cm, Breite 16 cm an der langen, 10 cm an der kurzen Trapezseite. Die Länge des Kastens ergibt sich aus der Gesamtbreite der aufgelegten Klanghölzer. Dabei wirkt sich ein enger Abstand zwischen den einzelnen Brettchen günstig auf die Tonqualität aus.

Variationen: Statt Holzbrettchen kann man auch Metallplättchen verwenden. Diese müssen 18 bis 24 Millimeter breit und 2 bis 3 Millimeter dick sein. Wir brauchen eine Metallsäge und einen Metallbohrer. Im übrigen arbeiten wir ähnlich wie bei den Holzstäben (Werklehrer um Rat fragen!). Eine weitere Möglichkeit bieten Metallröhren von 10 bis 30 Millimeter Dicke, die man an Schnüren aufhängt und mit dünnen Metall- oder Holzklöppeln bespielt. Oder: Herstellung einer Panflöte oder Mundorgel aus Holz/Metallröhrchen unterschiedlicher Länge.

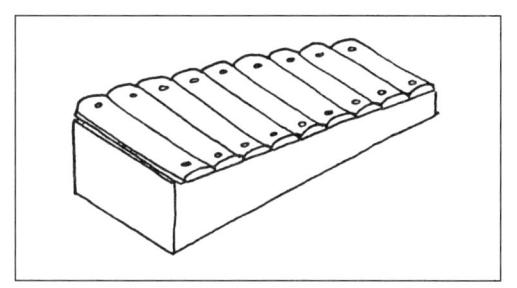

Vorhaben 4a.IX.: „Wir basteln einen Adventskalender"

In diesem Vorhaben werden die Schüler gut an das Arbeiten nach Plan herangeführt, wenn sie eine maßstabsgerechte Zeichnung des Werkstücks (1:1) erhalten, auf welcher sie die einzelnen Stücke immer wieder kontrollieren können und die über den Zusammenbau der Einzelteile informiert.

Das „Gerüst" für den Adventsbaum läßt sich sehr einfach aus schmalen Holzleisten oder Vierkanthölzern unterschiedlicher Länge anfertigen, die wir in festgelegten Abständen auf einer Stammleiste aufnageln. Die „Äste" werden in regelmäßigen Intervallen eingekerbt, was zum Einhängen der Adventspäckchen dient.

Als einfacher Fuß für den Adenventsbaum eignet sich ein großer Blumentopf (vorher dekorativ bemalen oder in Metallfolie einschlagen), in den der Ständer eingegipst wird. Selbstverständlich ist auch eine Holzkonstruktion möglich (Fachmann befragen!). Neben der Herstellung des Ständers bietet das Basteln und Einpacken der Adventspäckchen einen wiederholten Anlaß, mit dem Lineal umzugehen: Ausmessen von Karton, Einzeichnen von Falzkanten für die Pappkästchen, Abmessen von Geschenkpapier und Band für die Verpackung.

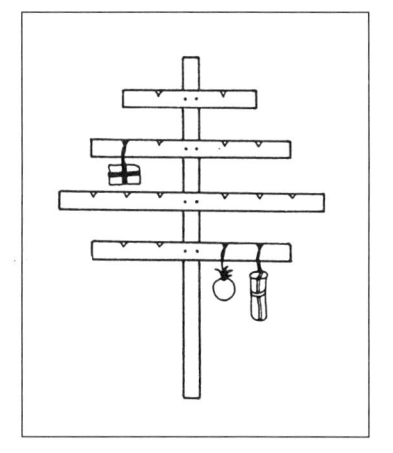

Für Ihre Notizen
(Bewertungen/Variationen/Erweiterungen)

Variationen: Der „Adventsbaum" läßt sich selbstverständlich jahreszeitlich passend abwandeln. Am Oster-, Foto-, bzw. Geburtstagsbaum hängen wir Dekorationsgegenstände, Bilder, kleine Geschenke, Erinnerungsstücke etc. auf.

Vorhaben 4a.X.: „Wir bauen eine Glieder-Marionette"

Die Gliedermarionette läßt sich aus Vierkanthölzern, die auf entsprechende Länge geschnitten und mit Haken und Ösen verbunden werden sehr einfach zusammenbauen. Für den Kopf wählen wir ein größeres, quadratisches Holzstück aus, der Rest kann von einfachen Leisten abgelängt werden. Auch dieses Vorhaben ist für ein Arbeiten nach Plan (Maßstab 1:1) sehr gut geeignet. Schwächere Schüler, die mit dem Lineal noch nicht klarkommen, können entsprechende Meßschablonen erhalten.

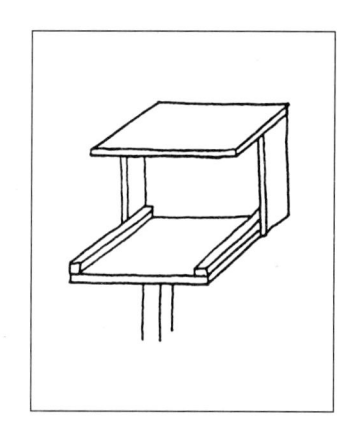

Vorhaben 4a.XI.: „Wir bauen ein Vogelhäuschen"

Ein denkbar einfaches Vogelhäuschen, das sich jeder Schüler auch für zu Hause anfertigen kann, entsteht aus einer Zigarrenkiste (Holz), einer Sperrholzplatte (im Format des Kistendeckels) und zwei Vierkanthölzern (Länge = Tiefe der Kiste + Breite des Deckels). Der Deckel wird mit den beiden Vierkanthölzern als Bodenbrett an die aufrechtstehende Kiste geklebt. Auf die Oberseite kommt das überstehende Sperrholzdach. Das fertige Häuschen wird lakiert und ggf. auf eine feste Stange genagelt oder an einer erhöhten Stelle im Garten oder auf dem Balkon aufgestellt.

Lernziel 4b: Mit dem Zollstock umgehen können

Die im Handel erhältlichen Zollstöcke sind 2 Meter lang und auf beiden Seiten (auf der Vorderseite von links nacht rechts, auf der Rückseite von rechts nach links) skaliert. Wenn dies bei einigen Schülern zu großen Unsicherheiten führt, muß die Rückseite zunächst mit Tesakrepp o.ö. abgeklebt werden. Das richtige Ablesen der Skalierung ist vor allem an den Scharnieren des Zollstocks und ab 100 cm schwierig. Zusätzliche Markierungen sind meist wenig sinnvoll, ggf. kann der Zentimeterstrich jedoch eingekerbt und etwas dicker gestaltet werden. Auch das Auf- und Zusammenklappen des Zollstocks ist nicht ganz einfach und sollte daher mehrfach mit den Schüler geübt werden. Hier gilt die Regel „nie weiter ausklappen als nötig", denn der Zollstock wird sonst unhandlich und sperrig. Wir benutzen den Zollstock zum Abmessen und Markieren, nie jedoch zum Linienzeichnen, seine Kantenführung ist dafür völlig ungeeignet. Ergänzendes Handwerkszeug bleiben daher Winkel bzw. Lineal, die generell für kleinere Längen geeigneter sind.

Für Ihre Notizen
(Bewertungen/Variationen/Erweiterungen)

Dem Prinzip nach unterscheidet sich das Messen mit dem Zollstock nur wenig vom Messen mit dem Lineal. Die Schüler müssen jedoch an die andersartige Darstellung der Maßskala sowie an den motorischen Umgang mit dem neuen Gerät gewöhnt werden. Darüber hinaus erweitert sich natürlich auch der Zahlenraum, in dem sich die Schüler zurechtfinden müssen, um sinnvoll mit dem neuen Meßgerät umgehen zu können. Eine jederzeit zugängliche und gut sichtbare Dokumentation im Klassenzimmer kann hier große Dienste leisten. Wir hängen einen aufgeklappten Zollstock an die Wand und beschriften die einzelnen Abschnitte mit gut lesbaren Zehnerzahlen. Auch der volle Meter wird entsprechend markiert. Im Vergleich mit diesem Demonstrationsobjekt fällt es vielen Schülern wesentlich leichter, ihren Zollstock in der notwendigen Länge aufzuklappen und die gesuchte Zahl zu finden.

Werden Längen gemessen, die über 2 Meter hinausgehen, ist das wiederholte Anlegen des Zollstocks notwendig. Dieser Sachverhalt kommt hauptsächlich im Zusammenhang mit dem Ausmessen von Möbelstücken und Raumgrößen vor. Das Anlegen an rechtwinklig verlaufenden Kanten ist hier besonders zu beachten, weil selbst kleinere Abweichungen vom rechtwinkligen Verlauf bei langen Strecken zu beträchtlichen Meßfehlern führen können. Das Ende der 2 m-Strecke muß akurat und deutlich sichtbar markiert werden, um ein genaues Anlegen zu erleichtern. Ein vages Anhalten mit dem Finger kann nur akzeptiert werden, wenn es lediglich auf grobe Meßwerte ankommt. Beim Ausmessen von Wänden stehen wir vor der Erschwernis, daß der Zollstock zwischen den Scharnieren starr ist und meist nicht in gewünschter Länge endet. Diese Schwierigkeit ist nur mit Hilfe des Meterbandes unkompliziert zu lösen, das genau am Endpunkt der Kante abgeknickt werden kann. Tauchen solche Problemstellungen im Unterricht auf, bietet sich eine gute Gelegenheit, das optimale Meßgerät auszuwählen und zu erproben.

Vorhaben 4b.I.: „Wir bauen eine Garderobe"

Die Schüler stellen die Länge des Garderobenbrettes durch Ausmessen der betreffenden Wand fest, an der die Garderobe aufgehängt werden soll. Ein Brett entsprechender Länge wird gekauft oder aus längerem Rohmaterial zugeschnitten. Die Schüler zeichnen die Abstände der Bohrlöcher für die Kleiderhaken ein, wobei die Maße anderer Garderobenaufteilungen als Anhaltspunkt dienen. Die Garderobenhaken können unter Einsatz entsprechender Metallverarbeitungstechniken selbst angefertigt werden.

Vorhaben 4b.II.: „Wir stellen eine Pinnwand her"

Die Pinnwand für Klassenzimmer, Schulflur oder Pausenhalle wird z.B. aus einem einfachen Holzrahmen zusammengebaut, auf den Korkplatten genagelt werden. Die Schüler legen eine bestimmte Wandgröße fest, wobei sie sich an den käuflichen Formaten für Korkplatten orientieren („Welche und wieviele Platten wollen wir nehmen?"). Höhe und Gesamtbreite der Korkbeschichtung bestimmen die Länge der Holzleisten für den Rahmen.

Variationen: Beschichten einer Sperrholzplatte mit Korkauflage.

Vorhaben 4b.III.: „Wir bauen ein Regal für unsere Klasse"

Die Schüler ermitteln im Klassenzimmer einen günstigen Standort für das neue Regal. Sie legen Höhe und Breite des Grundgerüstes fest und bestimmen in Abstimmung mit den Materialien, die im Regal aufbewahrt werden sollen (z.B. Ordner), die Regaltiefe sowie den Abstand der einzelnen Bretter. Der Materialbedarf wird errechnet, die Bretter ggf. im Fachhandel eingekauft. In diesem Fall läßt man die Bretter bereits dort auf Maß zuschneiden. Mit Hilfe einer Planzeichnung bauen die Schüler das Regal zusammen und behandeln es eventuell noch weiter (Streichen, Beizen).

Vorhaben 4b.IV.: „Wir bauen einen Zaun für unseren Schulgarten"

Die Schüler messen die Strecken aus, auf denen der Zaun errichtet werden soll. Sie entscheiden sich für eine Zaunkonstruktion (Palisaden, Lattenzaun, Scherenzaun etc.) und berechnen mit Hilfe des Lehrers den Materialbedarf. Die Grundmaterialien werden beschafft und in entsprechender Länge zugeschnitten, weiterbearbeitet (Schleifen, Bohren), zusammengefügt und mit Holzschutzmitteln gestrichen.

Vorhaben 4b.V.: „Wir richten eine Sitzecke ein"

Das Klassenzimmer wird vermessen, eine Sitzecke ausreichender Größe abgeteilt. Die Schüler stellen die Maße der Möbel für die Sitzecke fest und ordnen sie einzelnen Wandsegmenten zu. Verschiedene Alternativen werden erprobt. Bevor schwere Stücke verrückt werden, kontrollieren die Schüler jedoch stets, ob der neue Ort längen(bzw. flächen)mäßig ausreicht. Die übrigen Möbel des Klassenraums werden in gleicher Weise neu gruppiert.

Variationen: Anfertigen einer Planzeichnung 1:10, auf der maßstabsgetreue Pappsymbole des Inventars probeweise aufgelegt werden können. Dies setzt jedoch eine sehr gute Abstraktionsfähigkeit der Schüler voraus!

Weitere Vorschläge:
- Wir bauen einen Setzkasten
- Wir bauen ein Frühbeet/Gewächshaus
- Wir zimmern Gerüste für Kletterpflanzen
- Wir bauen einen Kiosk/ein Gartenhäuschen
- Wir zimmern ein Blockhaus
- Wir zimmern Bühnendekorationen
- Wir tapezieren unseren Gruppenraum
- Wir räumen das Klassenzimmer/den Nebenraum um
- Wir richten ein Schülercafé/eine Disco ein

Lernziel 4c: Mit dem Maßband umgehen können

Führen wir bei den Schülern das Maßband zum Abmessen von Gegenständen ein, ist auch hier auf die andersgeartete Skalierung im Vergleich zu Lineal bzw. Zollstock abzuheben. Die Zahlen sind beim Maßband senkrecht angesetzt, was ihr Erkennen für manche Schüler erschwert. Sie müssen dazu aufgefordert werden, das Maßband hinter dem entsprechenden Markierungsstrich zu fassen und so zu drehen, daß sie die Zahl waagerecht vor sich haben.

Von dieser Einschränkung abgesehen, zeichnen sich Maßbänder in der Regel durch recht große Übersichtlichkeit aus, vor allem wenn wir eine Sorte benutzen, die in 10-Zentimeter-Abständen farblich unterteilt ist. Allerdings treten öfter als beim Zollstock Unklarheiten bei den Schülern auf, die durch die beidseitige Skalierung des Bandes bedingt sind. Eine

Für Ihre Notizen
(Bewertungen/Variationen/Erweiterungen)

unterschiedliche Farbgestaltung der Vorder- und Rückseite verhilft hier zum besseren Verständnis, notfalls auch das Abkleben der Rückseite. Schneider-Maßbänder, wie sie vor allem im Haushalt benutzt werden, sind 1,50 m, ausziehbare Metallmaßbänder meist 2 m lang. Im Sportbereich werden Maßbänder bis zu 100 m Länge benutzt. Es ist wichtig für die Schüler, die verschiedenen Ausführungen in ihrem jeweils spezifischen Anwendungsfall kennenzulernen.

Das Schneider-Maßband wird vor allem in Situationen benutzt, wo es um das Abmessen flexibler Materialien (z.B. Stoffe) geht. Sein besonderer Wert besteht darin, den Umfang eines gerundeten Objektes (z.B. Bauchumfang) ermitteln zu können, was mit starren Meßinstrumenten nicht möglich ist. Auch beim Abmessen von seitlich begrenzten Längen (Zimmerwand, Kartonboden) erweist sich das (ausziehbare) Maßband dem Lineal oder Zollstock überlegen. Eine konkrete Vorstellung von größeren Stecken (100 m-Lauf; Wurfentfernungen) ist mit Hilfe des Sport-Maßbandes gut bei den Schülern zu entwickeln.

Schneider- und Sport-Maßband müssen beim Messen straff gespannt werden. Das Arbeiten in Partnerarbeit bietet sich bei diesen Meßinstrumenten nicht nur an, sondern ist in manchen Situationen unumgänglich.

Übung 4a.1.: „Wir drehen eine Kordel"

Die Schüler messen z.B. 1 m lange (oder längere) Wollfäden ab, binden sie zusammen und drehen daraus Kordeln. Aus diesen Kordeln können z.B. Wandbehänge, raumabteilende Vorhänge oder Fenstergardinen hergestellt werden. Ansonsten sind sie als Geschenkbandersatz, zum Zusammenbinden von Sammelmappen und Aufhängen von Materialien dekorativ zu verwenden.

Vorhaben 4c.I.: „Wir stellen Tast- und Schütteldosen her"

Schüttel- und Tastdosen können aus leeren Deckelgläsern, Joghurtbechern, Metallbüchsen, Klopapierrollen o.ä. angefertigt werden, indem sie mit Naturmaterialien gefüllt bzw. einem Bezug aus unterschiedlichestem Material versehen werden. Die Schüler messen mit Hilfe des Maßbandes Höhe und Umfang der entsprechenden Hülse aus, schneiden Stoff, Fell, Leder, Sandpapier etc. auf Maß zu und kleben die Umhüllung auf.

Schüttel- und Tastdosen sind sehr schön zum Musizieren und auch als Spielzeug (z.B. für Schwerstbehinderte) geeignet.

Vorhaben 4c.II.: „Wir stellen einen Gürtel her"

Der Lehrer zeigt einen Gürtel (Demonstrationsstück) und läßt ihn von den Schülern anprobieren. Die Schüler stellen fest, daß er einigen von ihnen gut, anderen überhaupt nicht paßt. Sie überlegen, wie sie die individuellen Maße für ihren Gürtel ermitteln können. Der Lehrer weist ggf. auf das Maßband hin. Die Schüler messen in Partnerarbeit ihren Bauchumfang und notieren den Wert, anschließend wird nochmals gemessen und ein Stück (2 Fingerspannen oder Handlängen = ca. 25 cm) für Gürtelüberlappung und Schnallenbefestigung zugeben und aufgeschrieben. Ein Lederstreifen entsprechender Länge und gewünschter Breite wird vom großen Lederstück abgemessen und zugeschnitten. Die Schüler kennzeichnen auf der Rückseite in Länge des Bauchumfangs mittig einen Punkt für das zentrale Gürtelloch und bringen in Abständen von 2 cm rechts und links weitere Markierungen an. Die Löcher werden mit der Lochzange ausgestanzt. Die Schnalle kann am besten mit Nieten (Kaufhaus) befestigt werden.

Für Ihre Notizen
(Bewertungen/Variationen/Erweiterungen)

Variation: Herstellung von Arm- und Stirnbändern (vgl. Vorhaben 3.IV.). Oder: Anfertigen eines Flechtgürtels (Arm- bzw. Stirnbandes) aus Lederriemen oder buntem Garn. Die notwendige Länge ergibt sich aus dem ermittelten Umfang mal vier (viermal die Umfanglänge abgemessen), da beim Flechten viel Material „verlorengeht" und zum Binden längere Enden erforderlich sind.

Für Ihre Notizen
(Bewertungen/Variationen/Erweiterungen)

Vorhaben 4c.III.: „Wir nähen eine Umhängetasche"

Eine schöne Umhängetasche läßt sich mit Schülern, die das Maschinennähen (gerade Nähte) bereits beherrschen, aus einem Stoffstück (Jeansstoff, Leinen o.ä.) von 30 bis 35 cm Breite und ca. 80 cm Länge herstellen. Die Breitseiten werden je zweimal umgeschlagen (2 cm; ggf. Hilfskanten einzeichnen), geheftet und gesäumt. Der Stoff wird auf die Hälfte geklappt, an den Seiten geheftet und 1 cm vom Rand abgenäht (bei stark fransenden Stoffen eine Sicherheitsnaht anbringen bzw. den Stoff vorher säumen!). Aus einem Stoffstreifen von 80 cm Länge und 4 cm Breite wird der Henkel genäht.

Weitere Lernanlässe im Textilbereich zum Ausmessen von Stoff:

- „Wir nähen ein Portemonnaie"
- „Wir nähen Kissenbezüge"
- „Wir nähen eine Schürze"
- „Wir nähen Gardinen und Vorhänge"
- „Wir nähen eine Tischdecke und Sets"
- „Wir nähen einen Wandbehang"
- „Wir bespannen eine spanische Wand"
- „Wir nähen Karnevals(Theater)kostüme"
- „Wir nähen eine Patch-Work-Decke"

Vorhaben 4c.IV.: „Wir führen ein Sportfest durch"

Neben dem sportlichen Aspekt bietet die Vorbereitung und Durchführung eines Sportfestes unzählige Anlässe, mit den Schülern das Messen (v.a. mit dem Maßband) zu üben. Leistungsstarke Schüler können anhand von Listeneinträgen das Lesen und Schreiben der Maße, sowie das Vergleichen der Meßergebnisse üben und Rangordnungen aufstellen. Insbesondere ergeben sich folgende Lernsituationen:

- Festlegen von Distanzen für Läufe (50 m, 75 m, 100 m), Markieren von Start und Ziel
- Abmessen der Wurfbahn und Abstecken mit Schildern (10 m bis 100 m)
- Abmessen der Anlaufdistanz zur Sprunggrube
- Herstellung von Listen (Tabellen) für Training und Sportfest
- Ausmessen der Würfe und Sprünge
- Notieren der Ergebnisse in Listen
- Vergleichen der Ergebnisse und Feststellen der Sieger

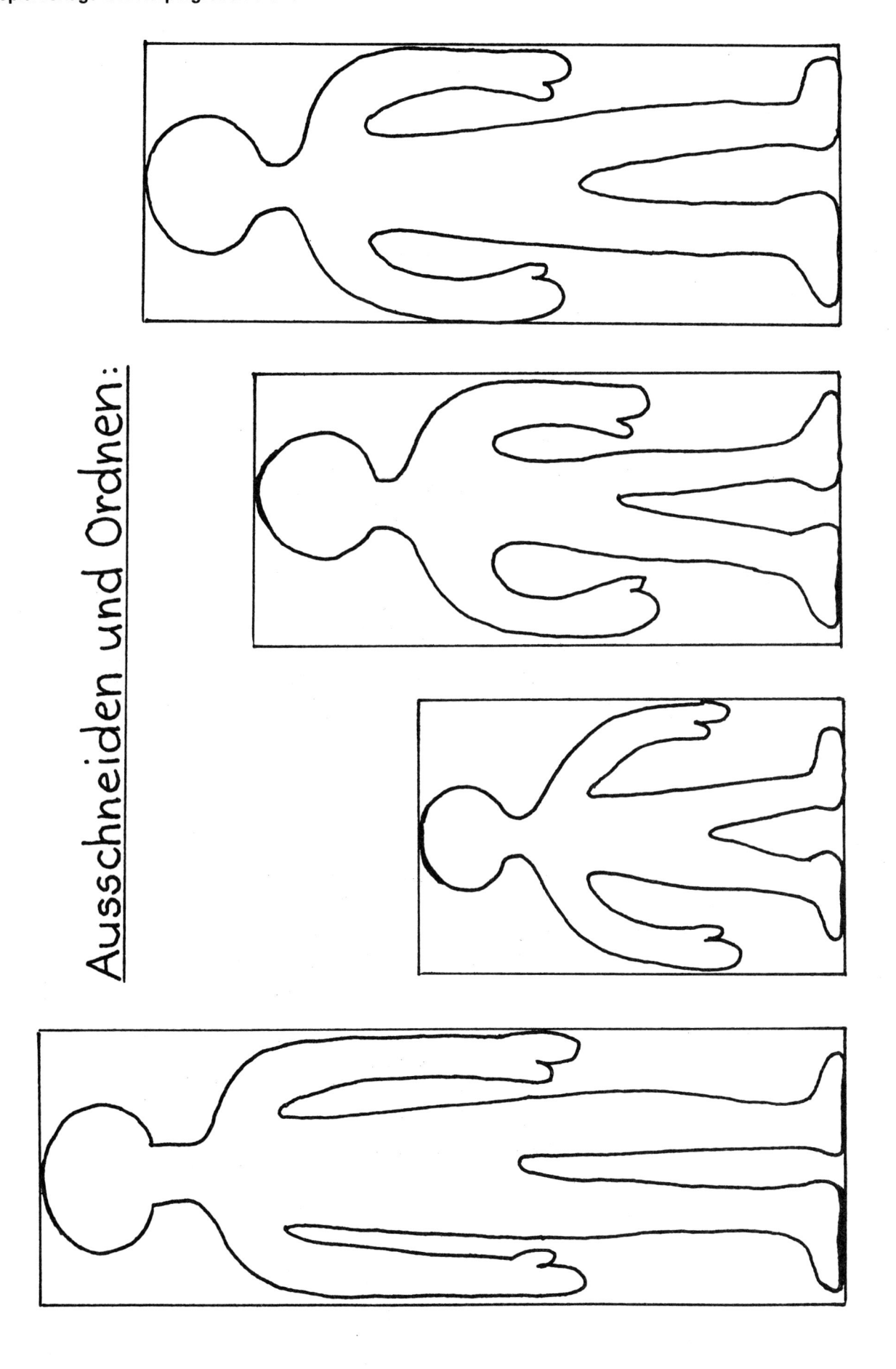

Kopiervorlage 1/1: Körpergrößen ordnen

Ausschneiden und Ordnen:

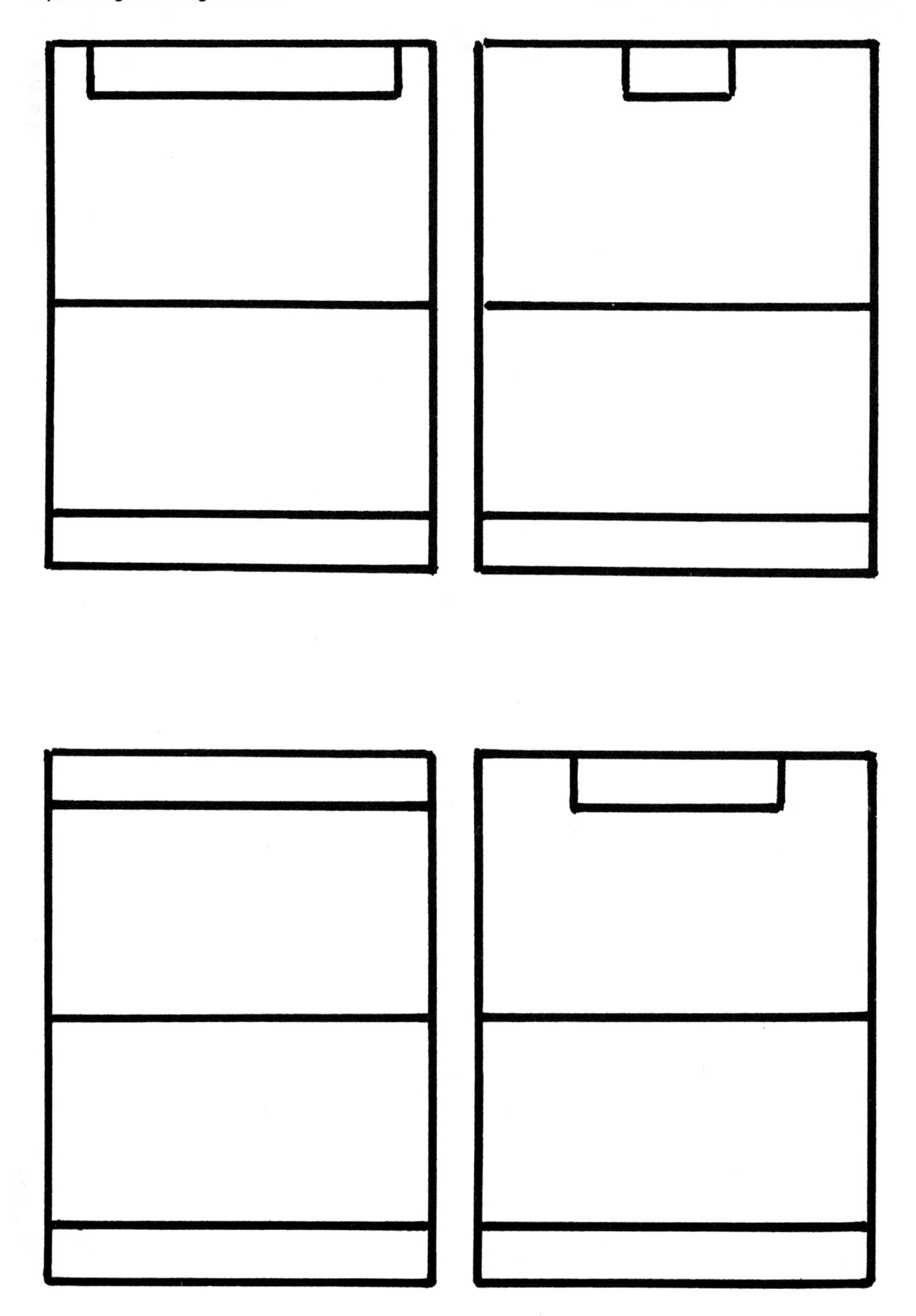

Kopiervorlage 1/2: Längendomino

Kopiervorlage 1/2: Längendomino

56

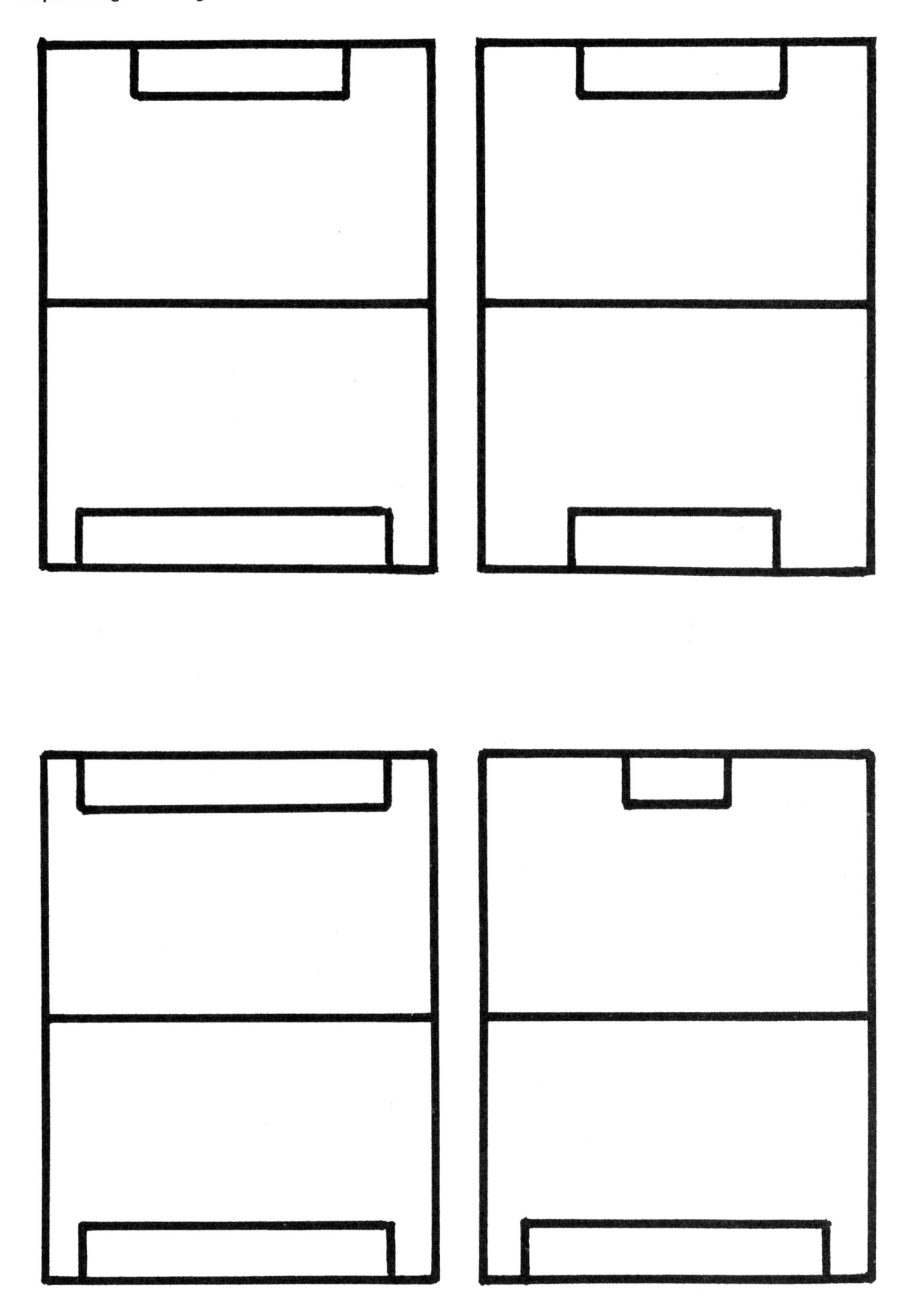

Kopiervorlage 1/3: Längendomino

57

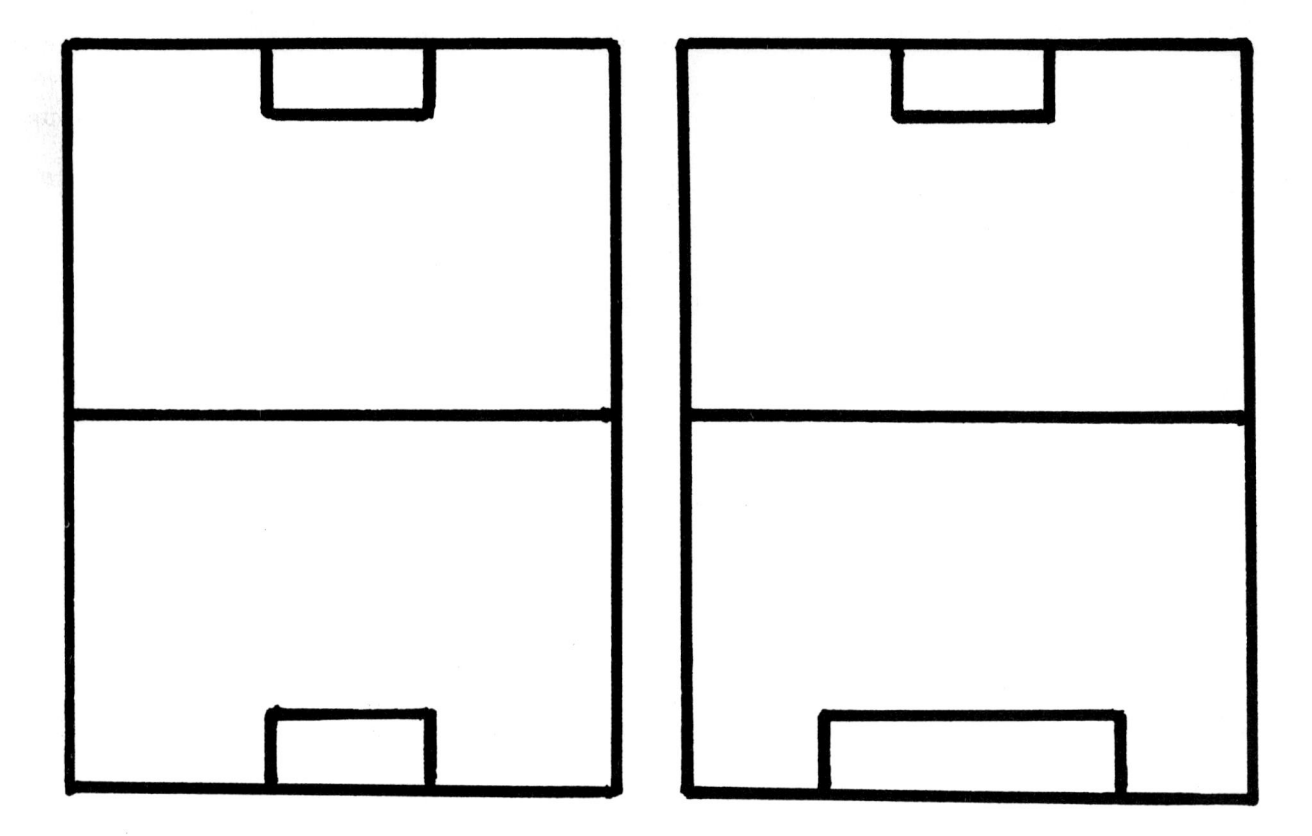

Kopiervorlage 1/4: Längendomino

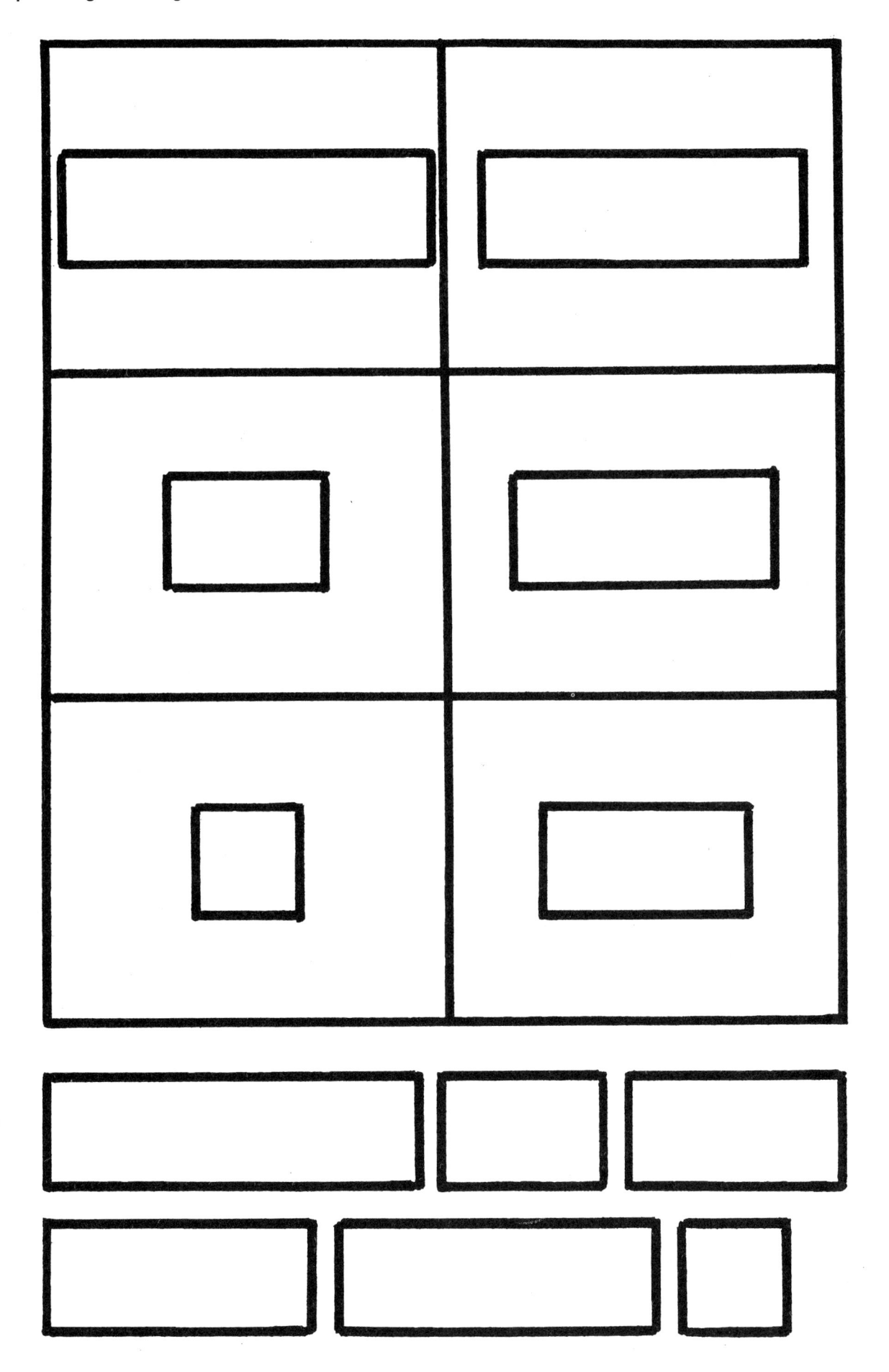

Kopiervorlage 1/5: Längenlotto

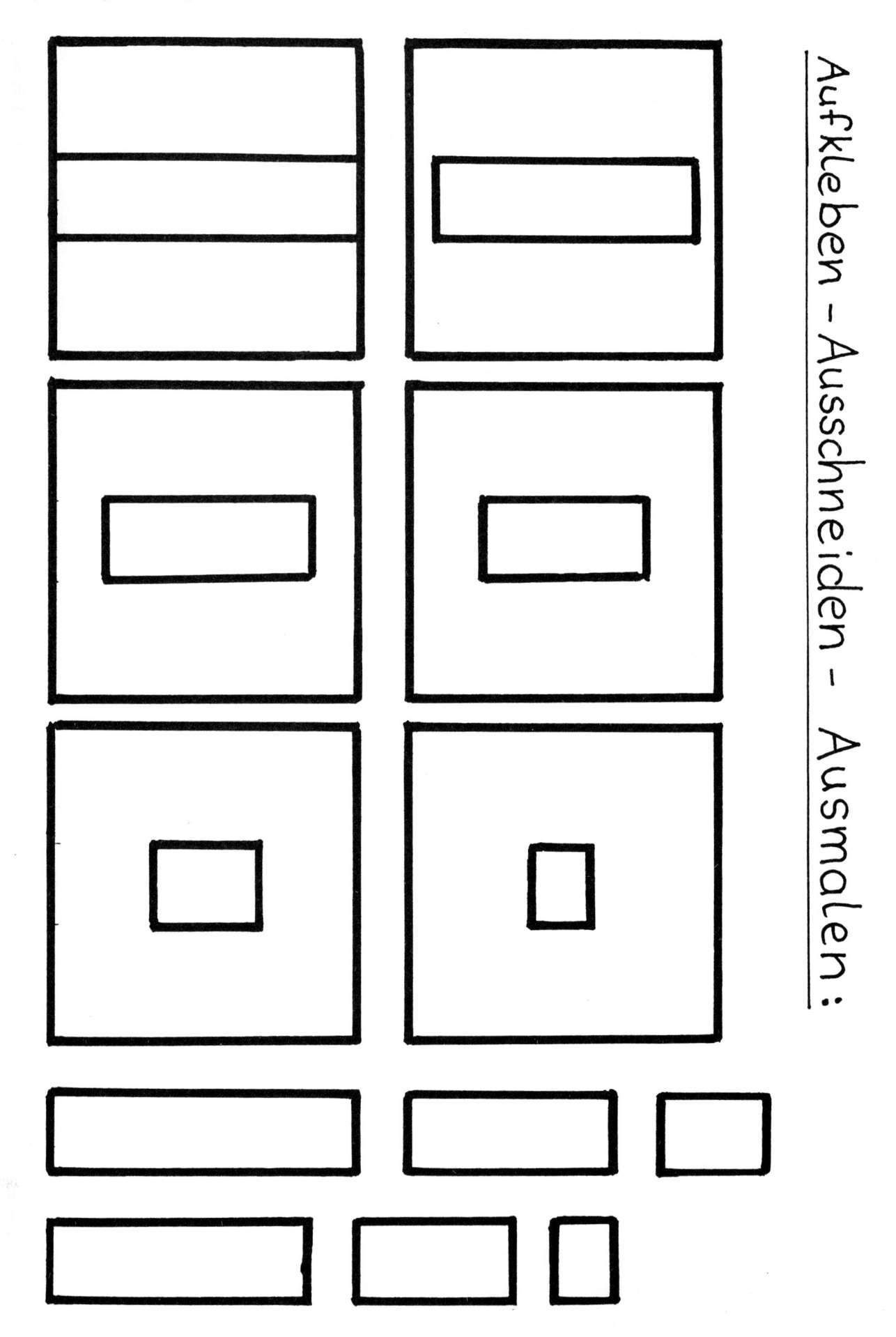

Kopiervorlage 1/6: Längenmemory

Aufkleben – Ausschneiden – Ausmalen:

60

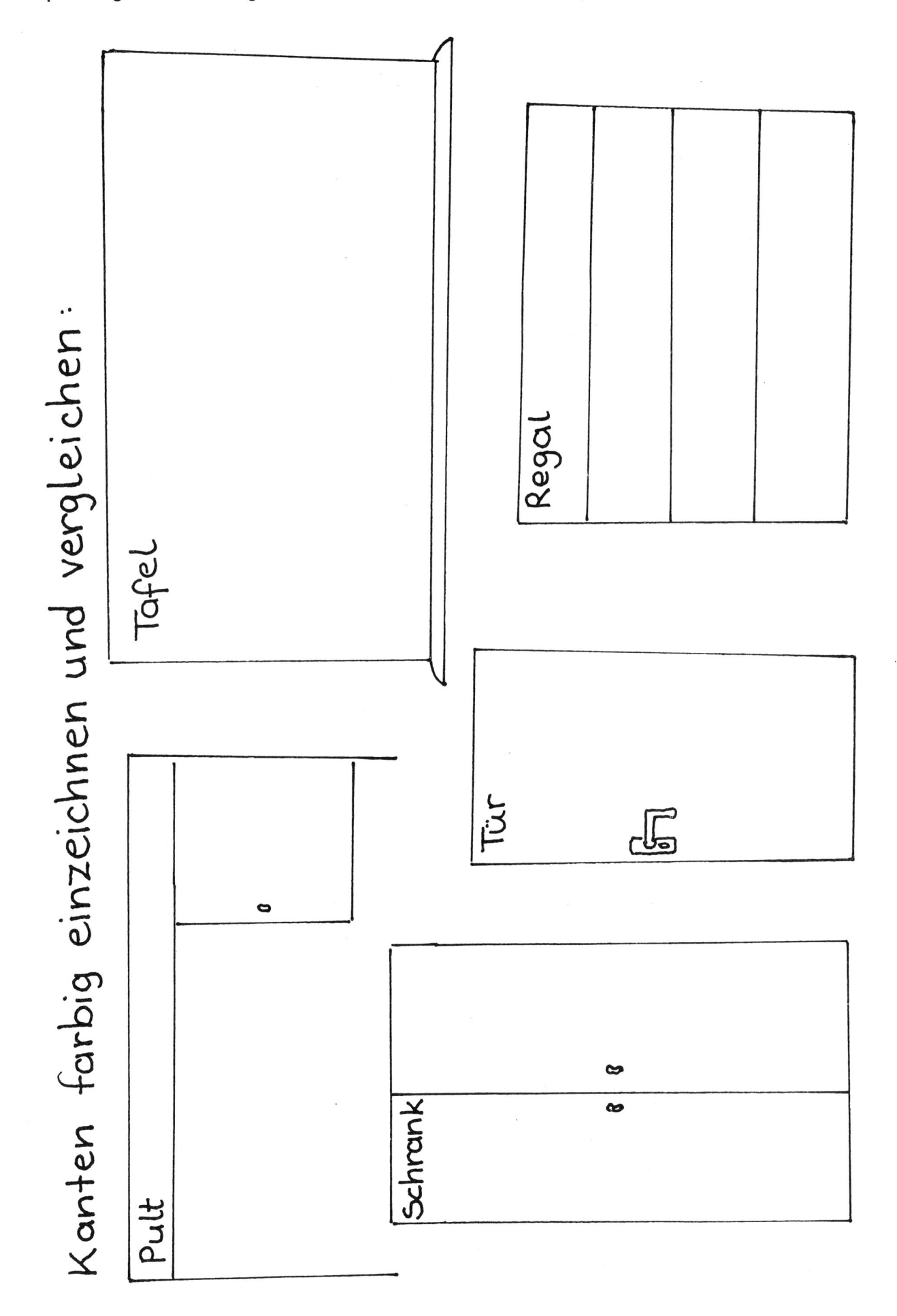

Kopiervorlage 2/1: Kanten vergleichen

Kanten farbig einzeichnen und vergleichen:

Tafel

Regal

Tür

Pult

Schrank

Fensterbild

Abpausen - Ausschneiden - Kleben

Transparentpapier:

Kopiervorlage 2/3

Tonpapier: Transparentpapier:

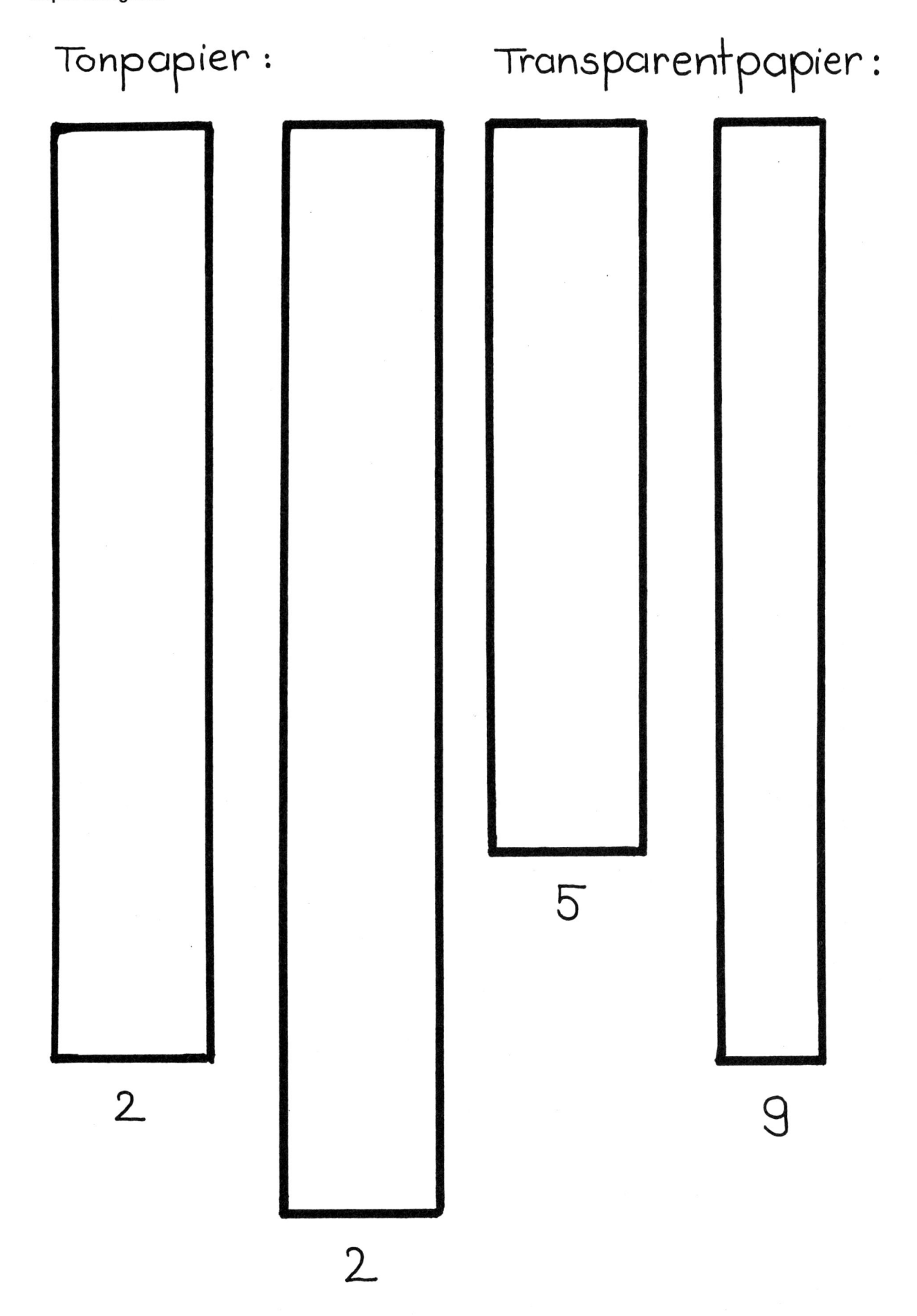

2   2   5   9

63

Kopiervorlage 2/4

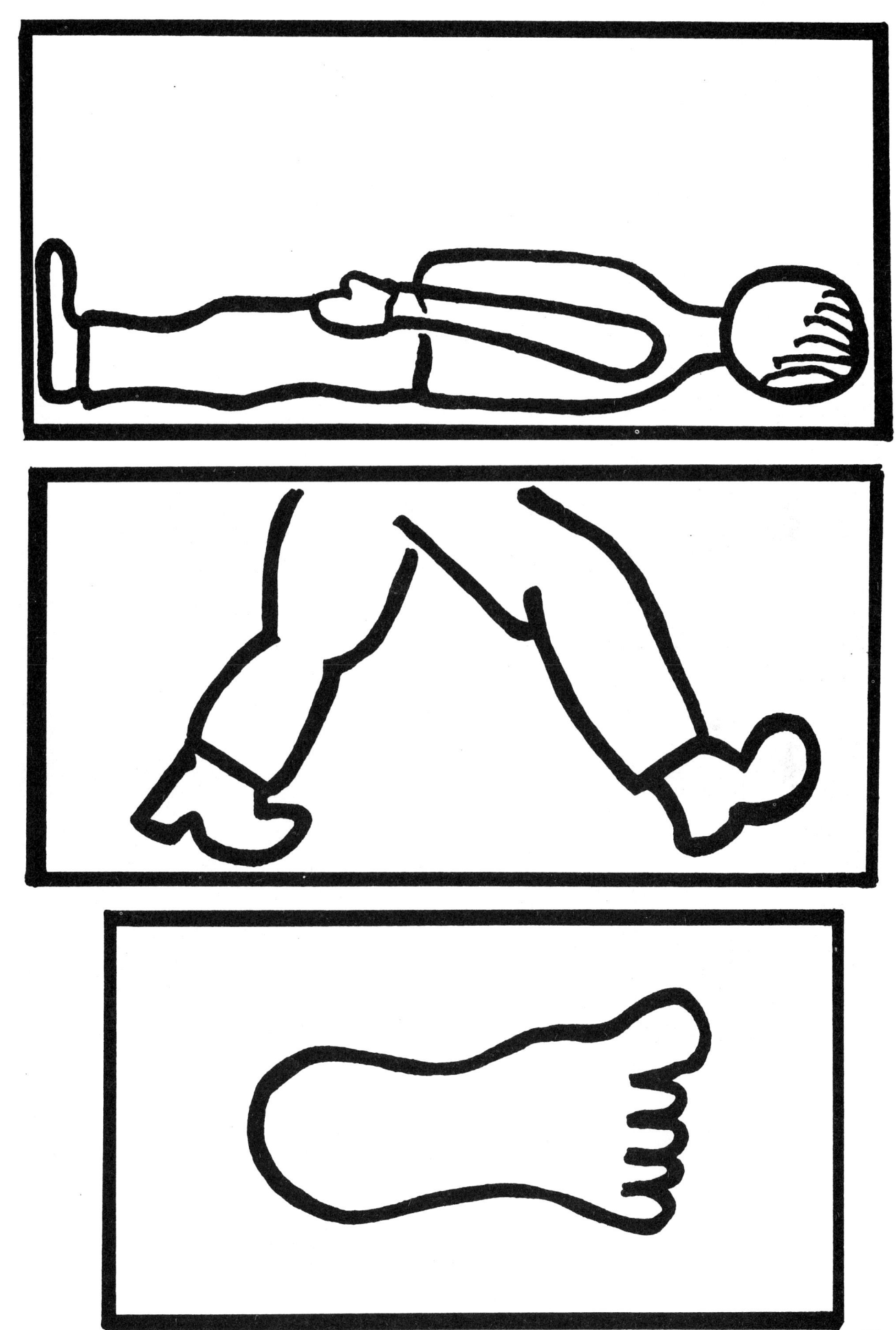

Kopiervorlage 3/1

65

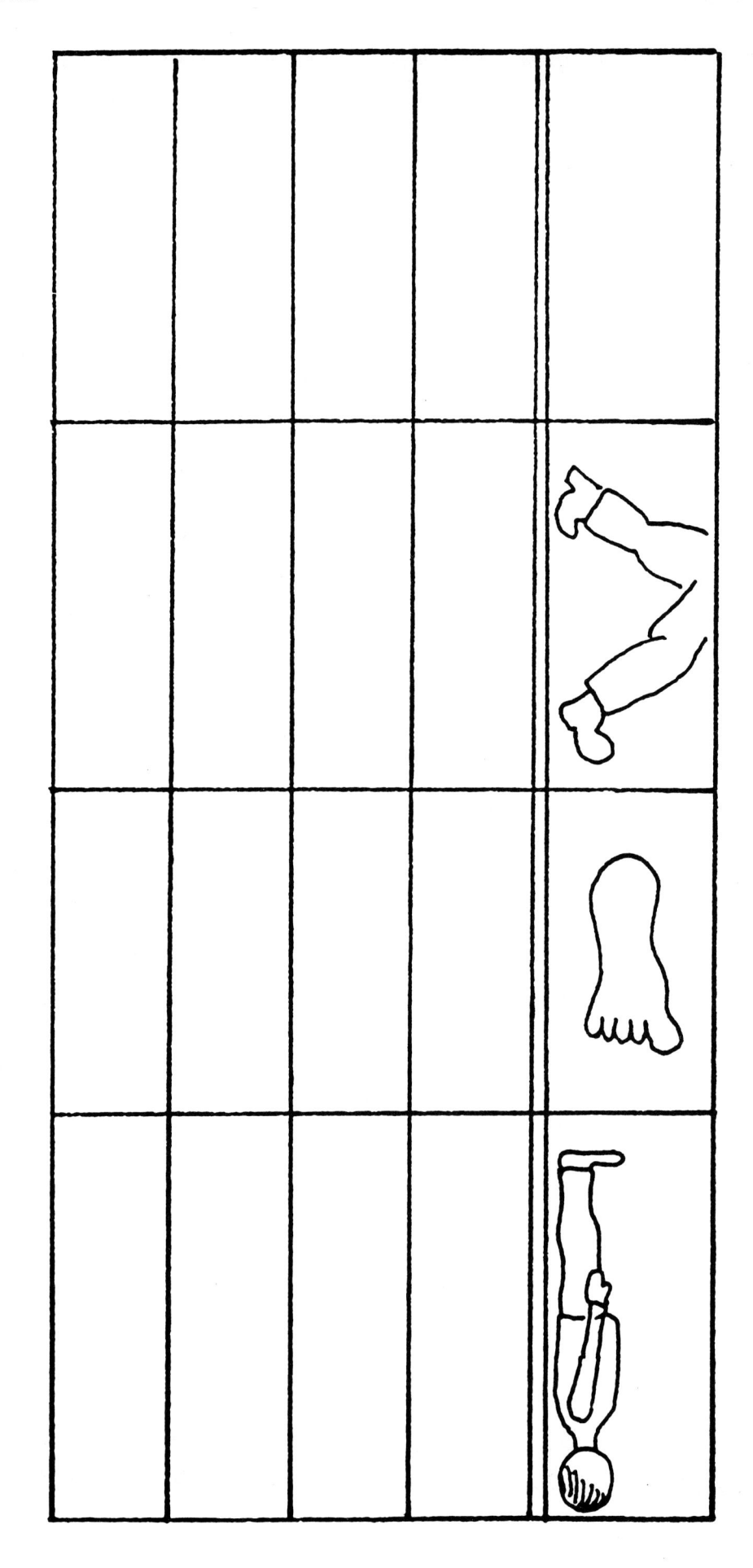

Kopiervorlage 3/2

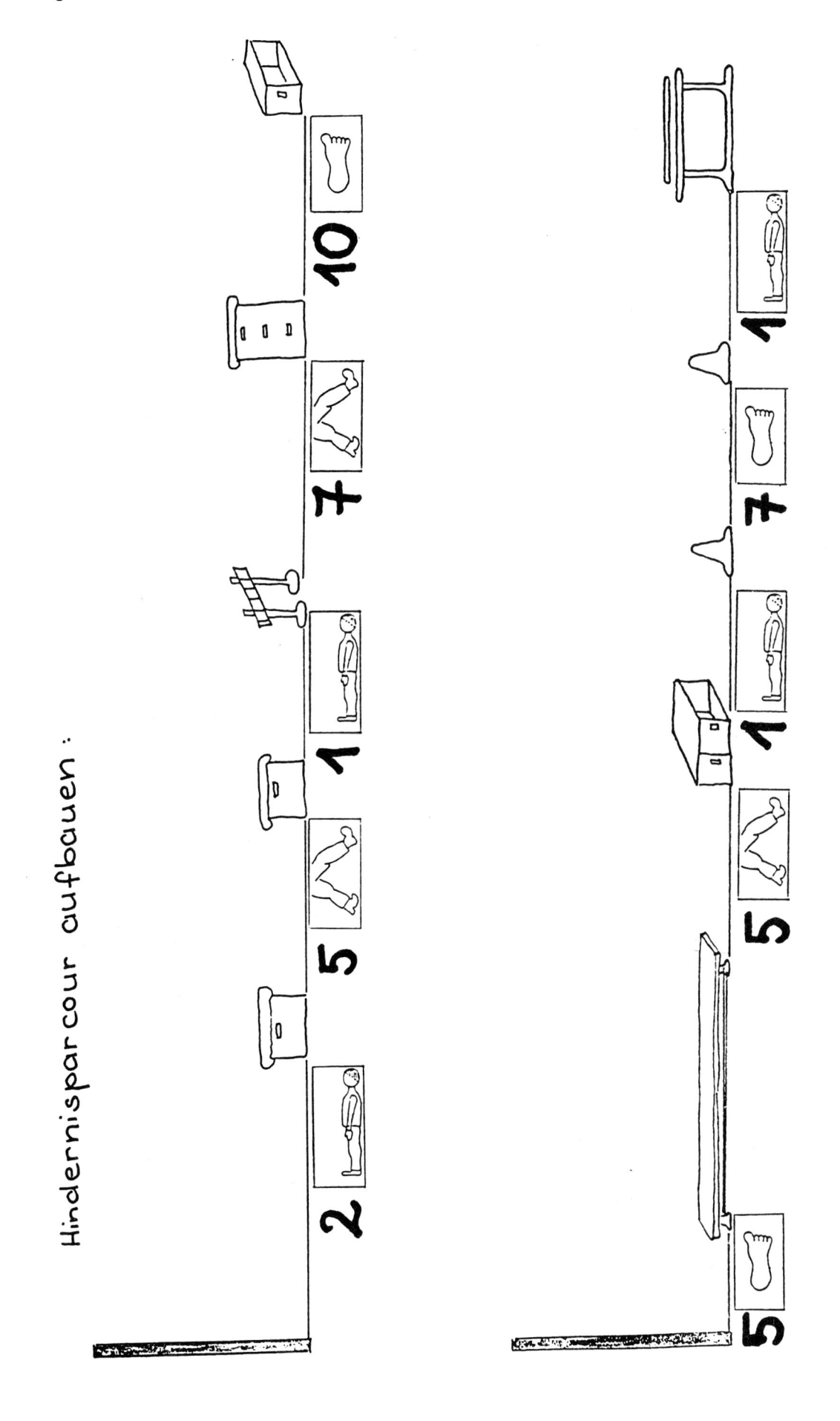

Kopiervorlage 3/3

Hindernisparcour aufbauen:

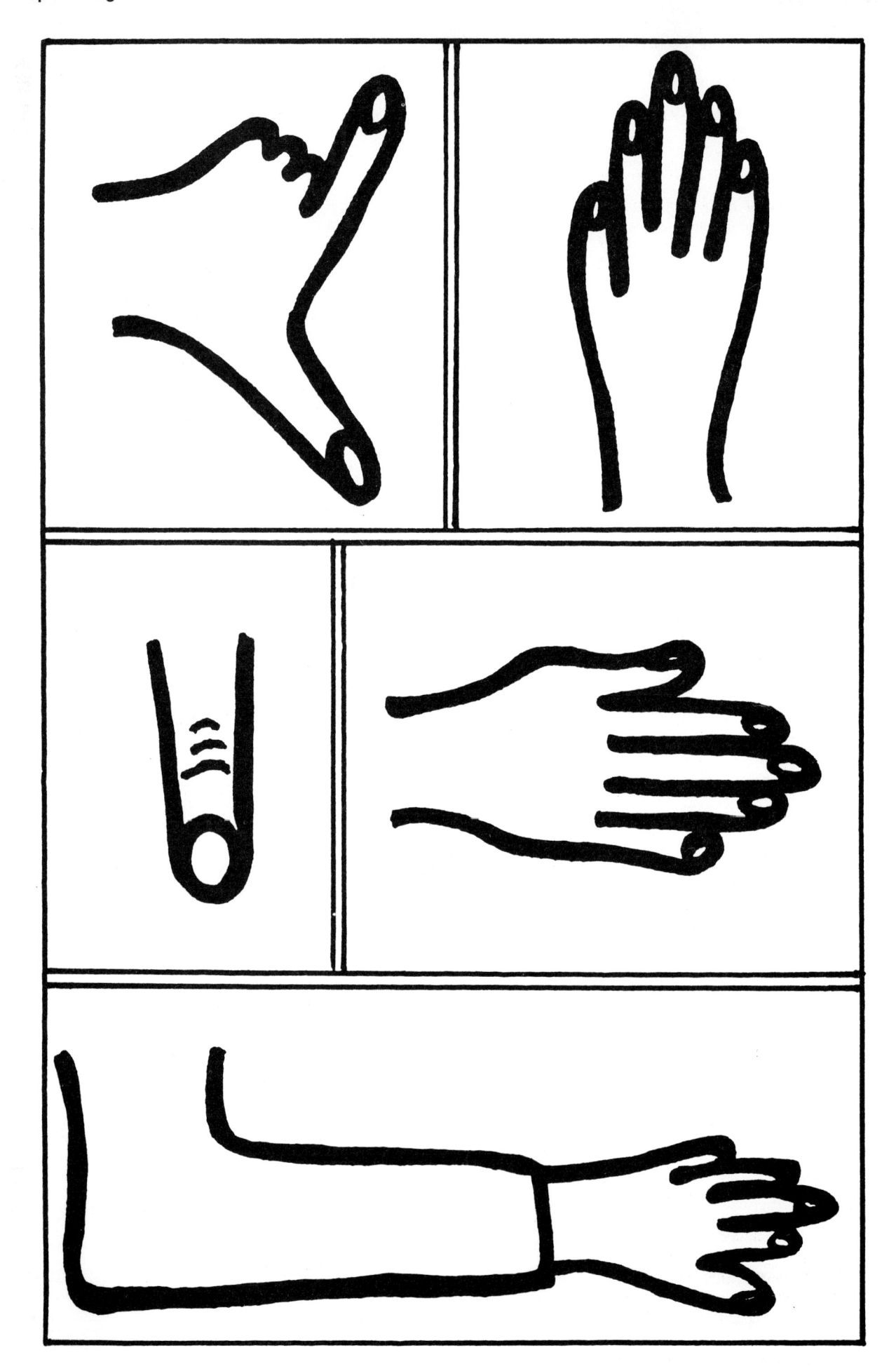

Kopiervorlage 3/4

68

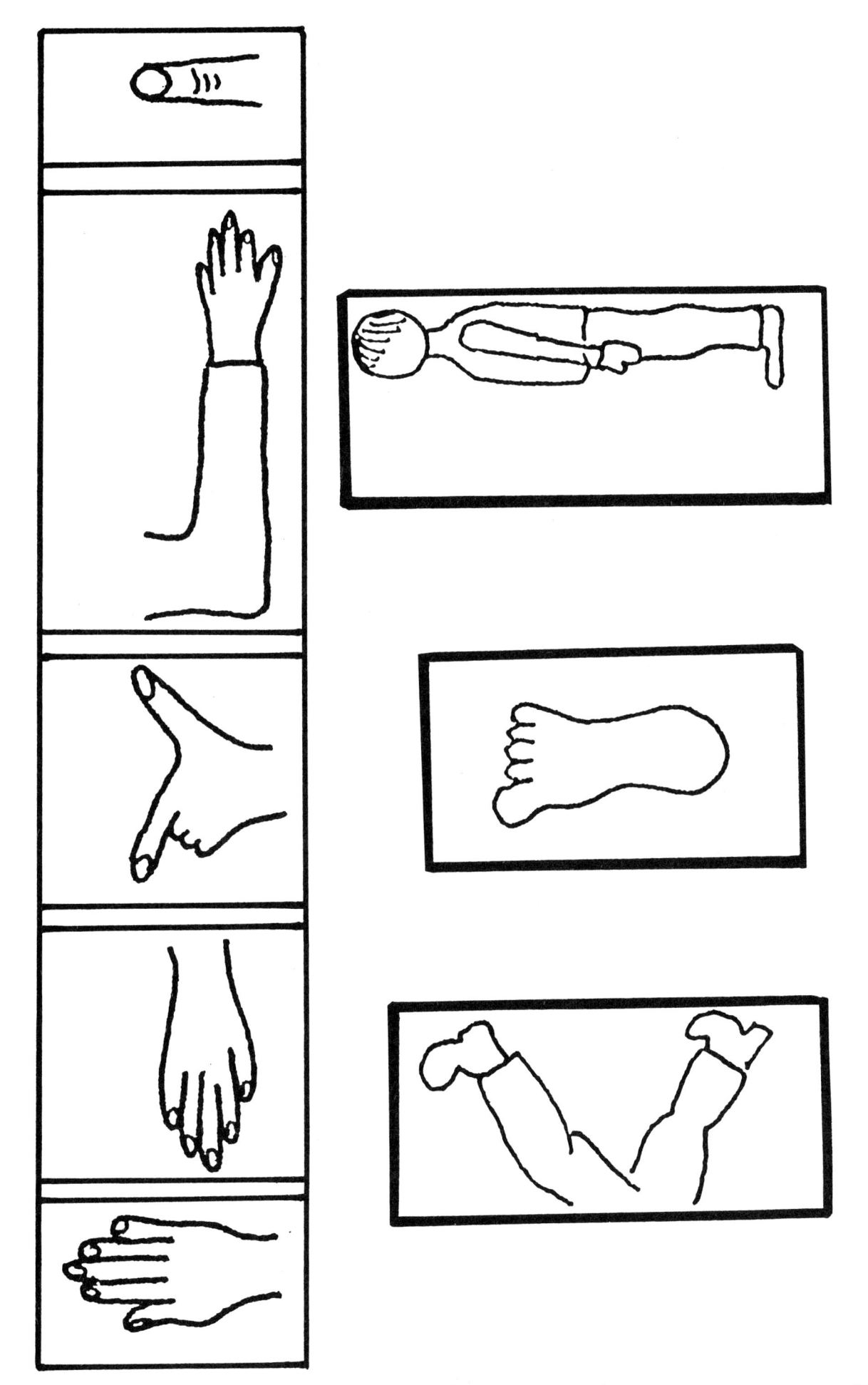

Kopiervorlage 3/5

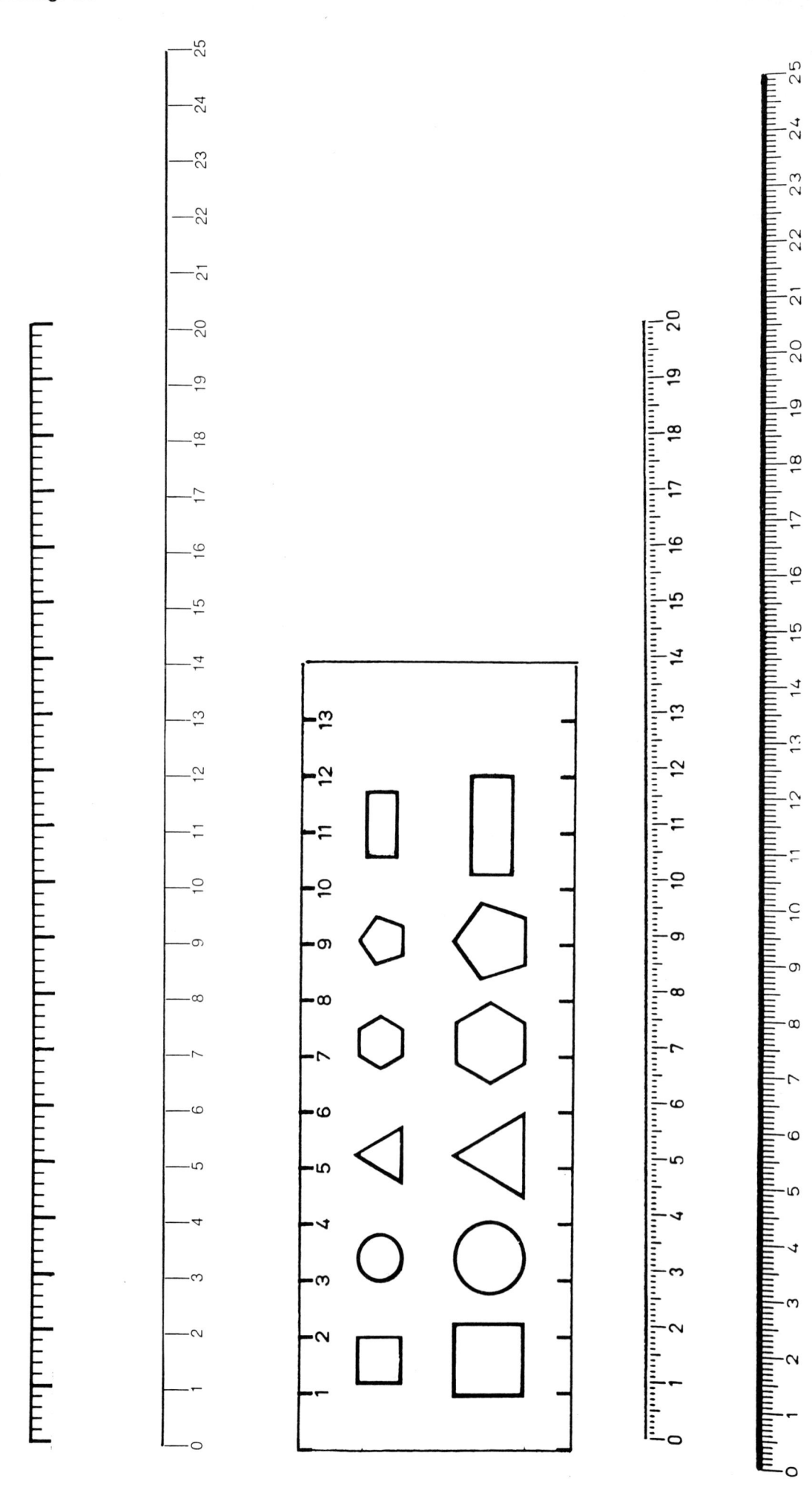

Kopiervorlage 3/6

70

Kopiervorlage 3/7: Dreieck -Vorderseite (rechter Winkel nach oben)

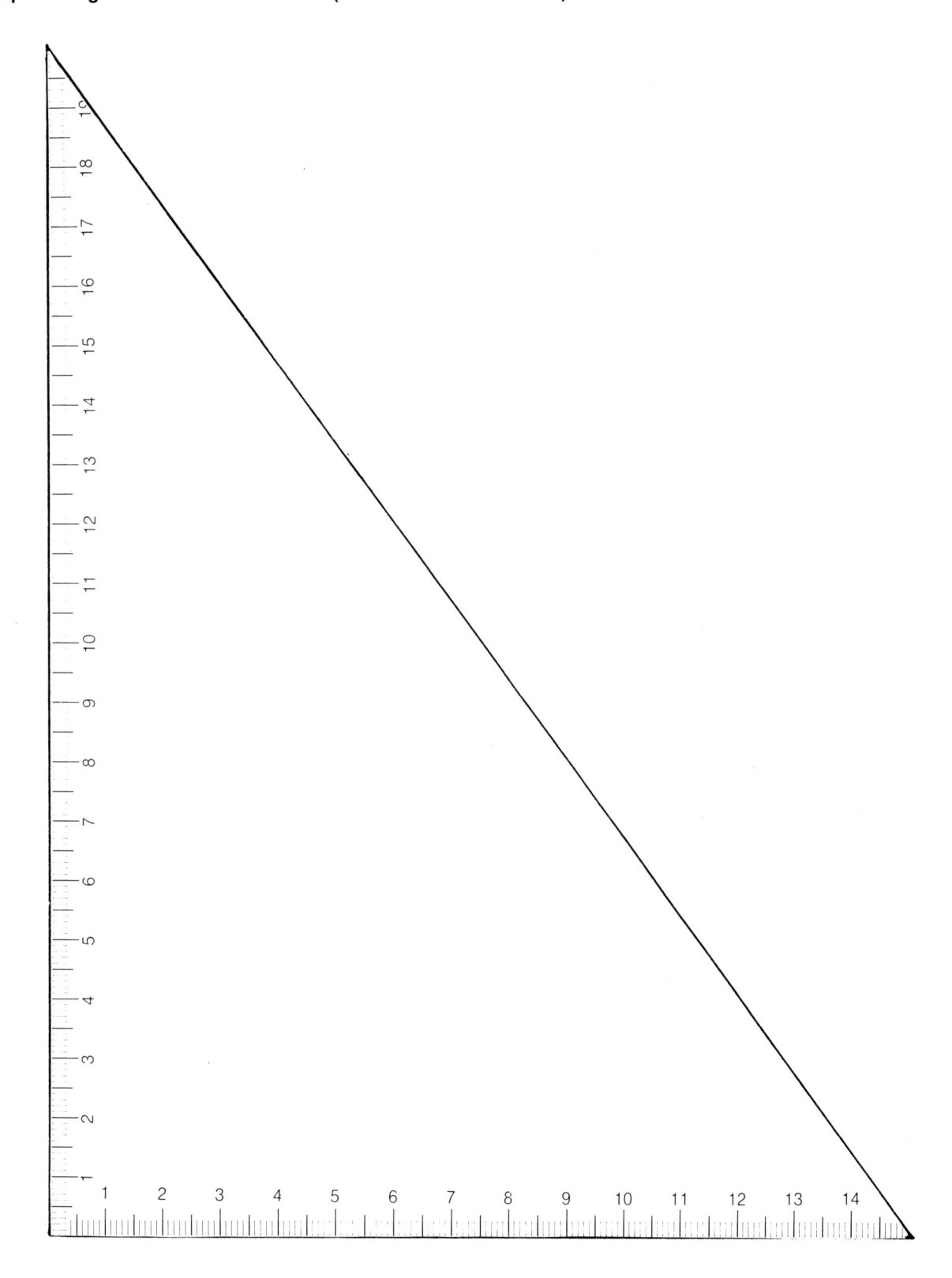

Kopiervorlage 3/8: Dreieck - Rückseite (rechter Winkel nach unten)

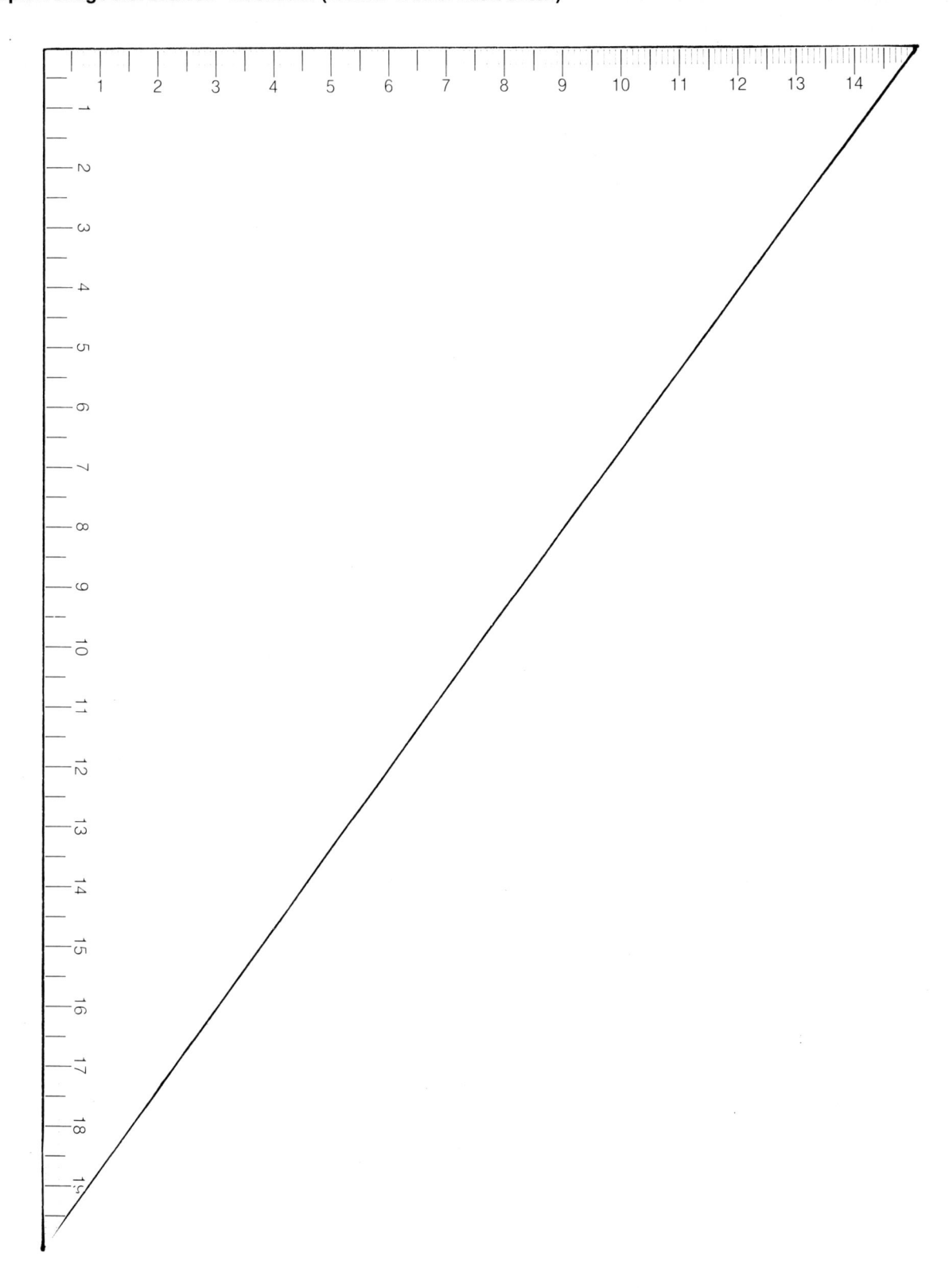

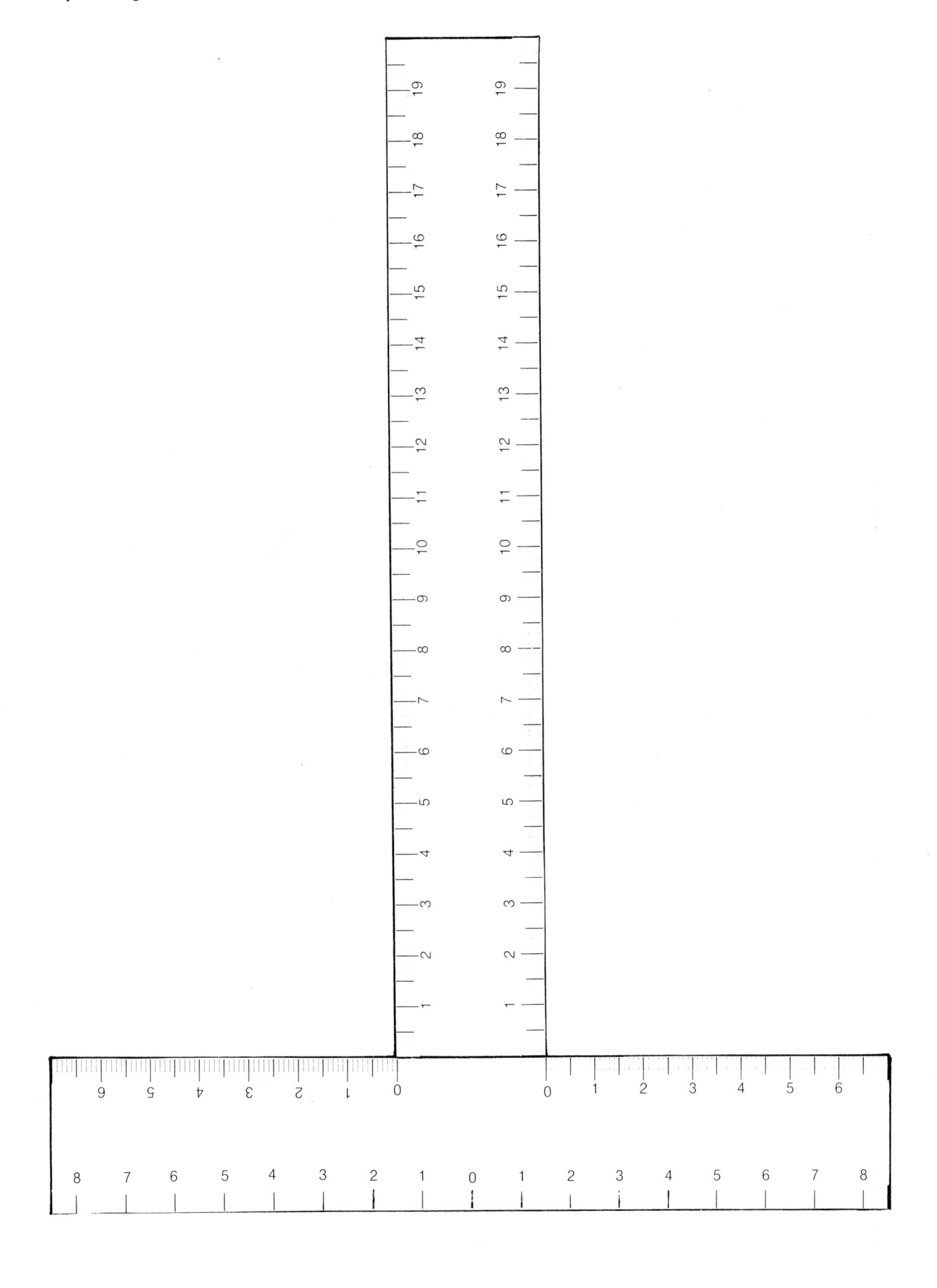

Kopiervorlage 3/9

Kopiervorlage 3/10: Dreieck, Zahlenleisten

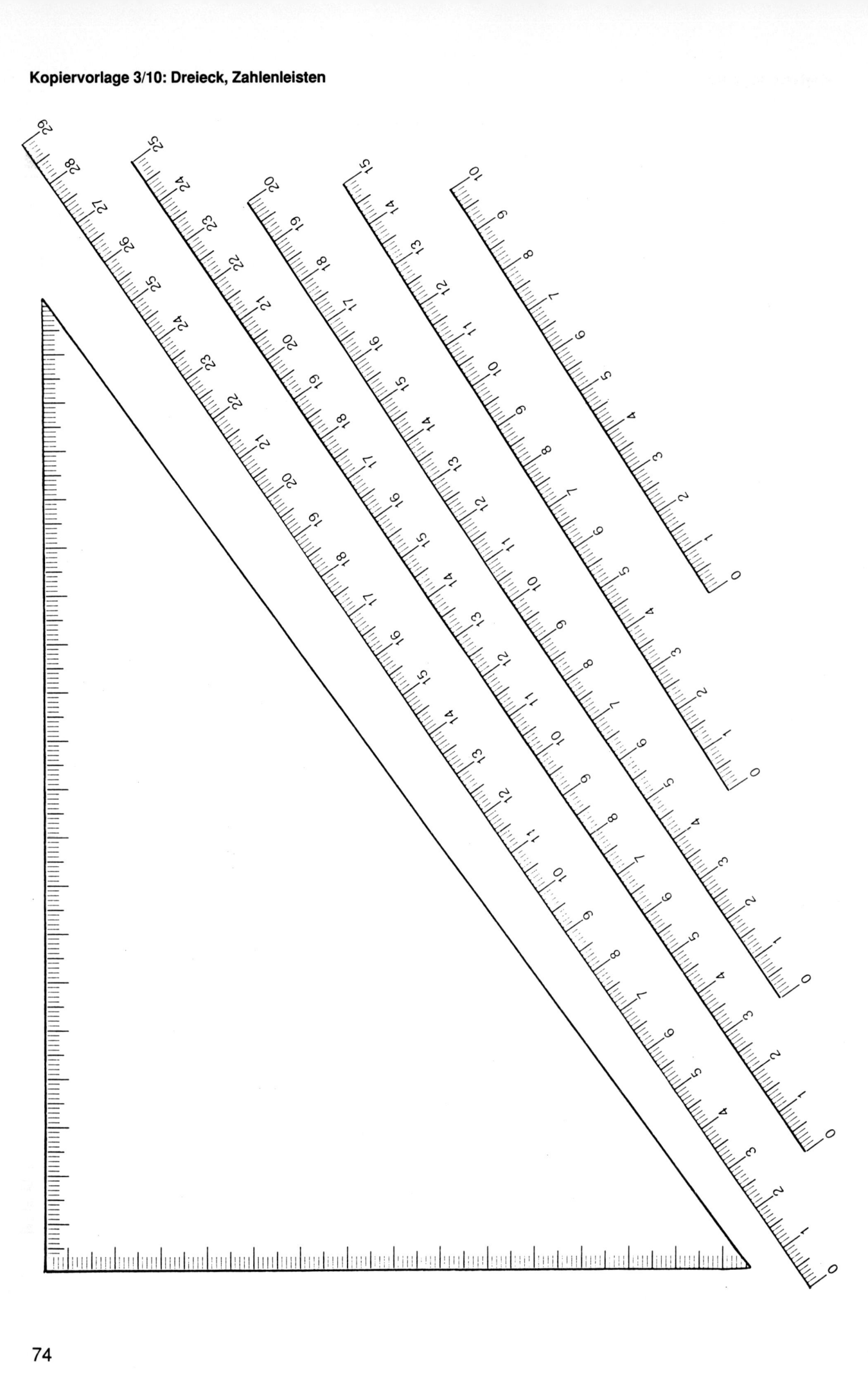

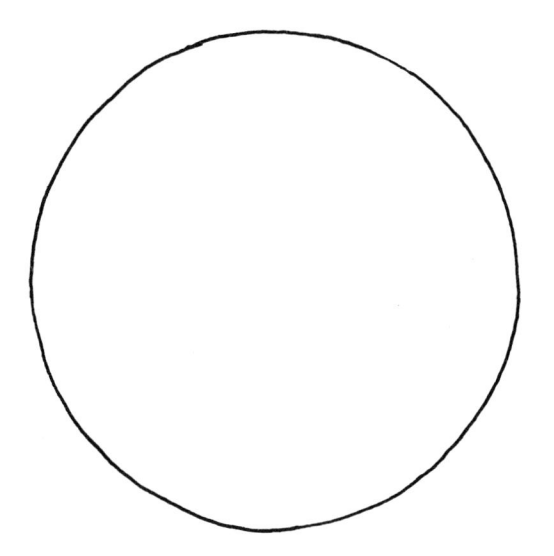

Kopiervorlage 4/1

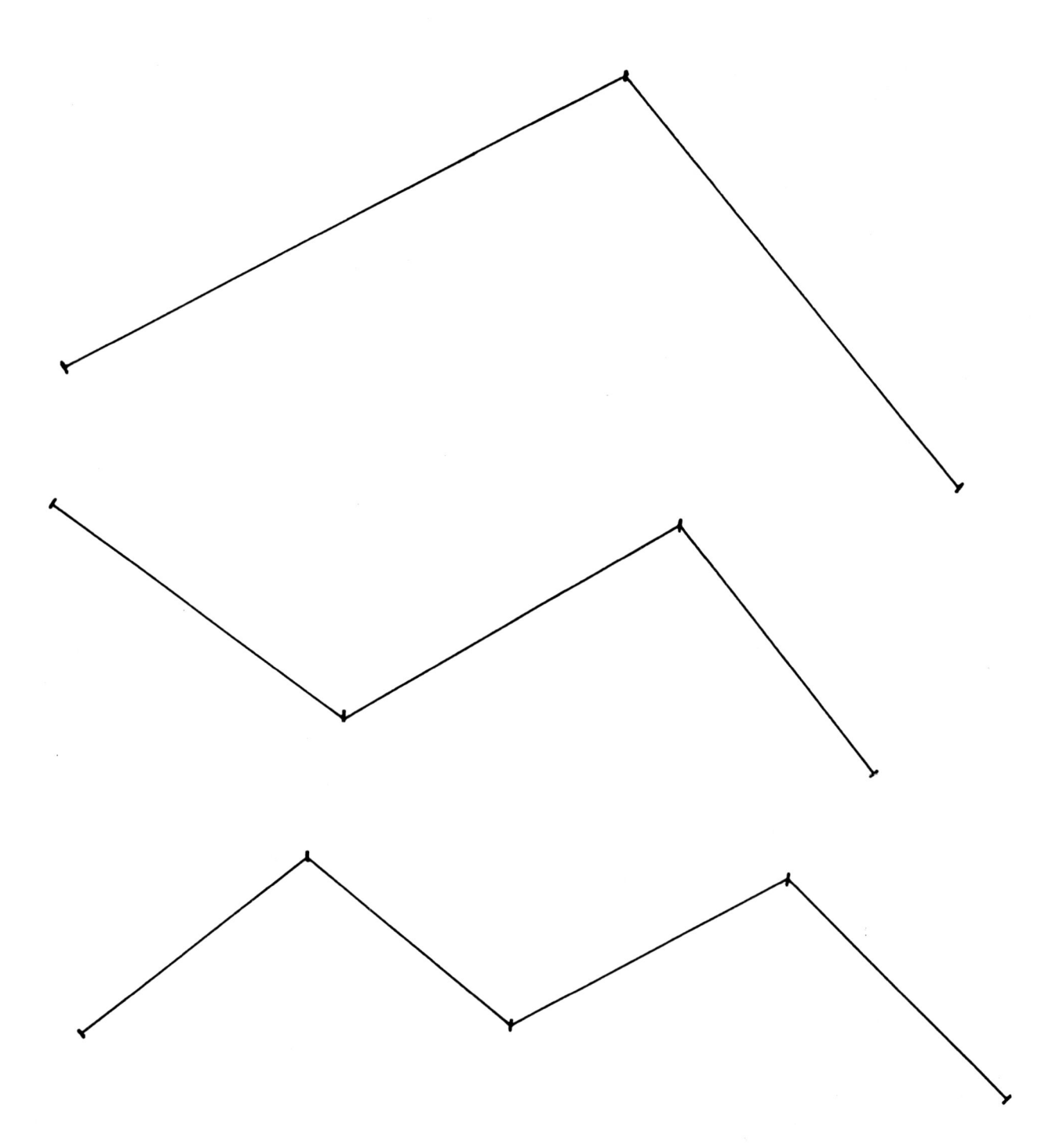

Kopiervorlage 4/2

76

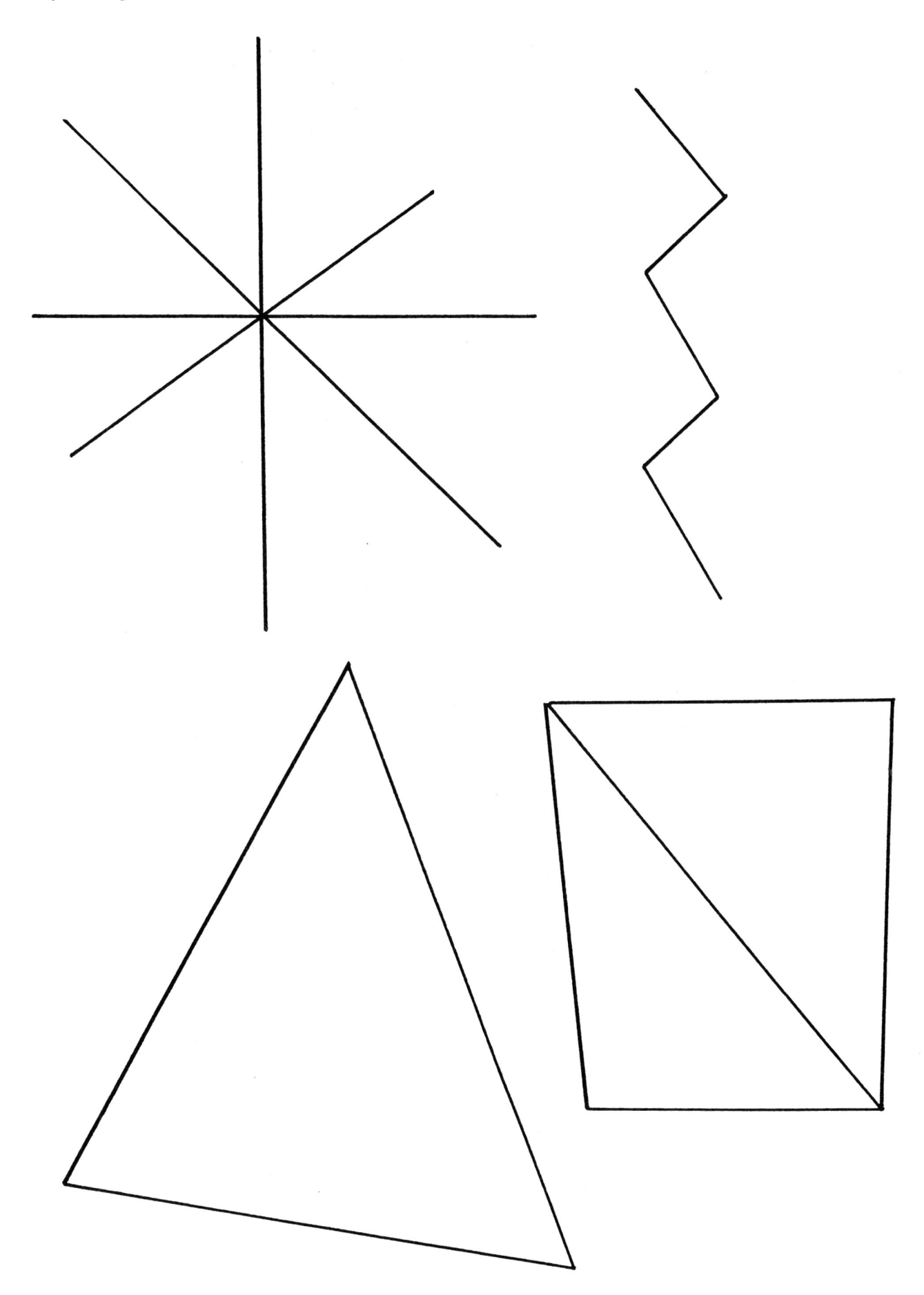

Kopiervorlage 4/3

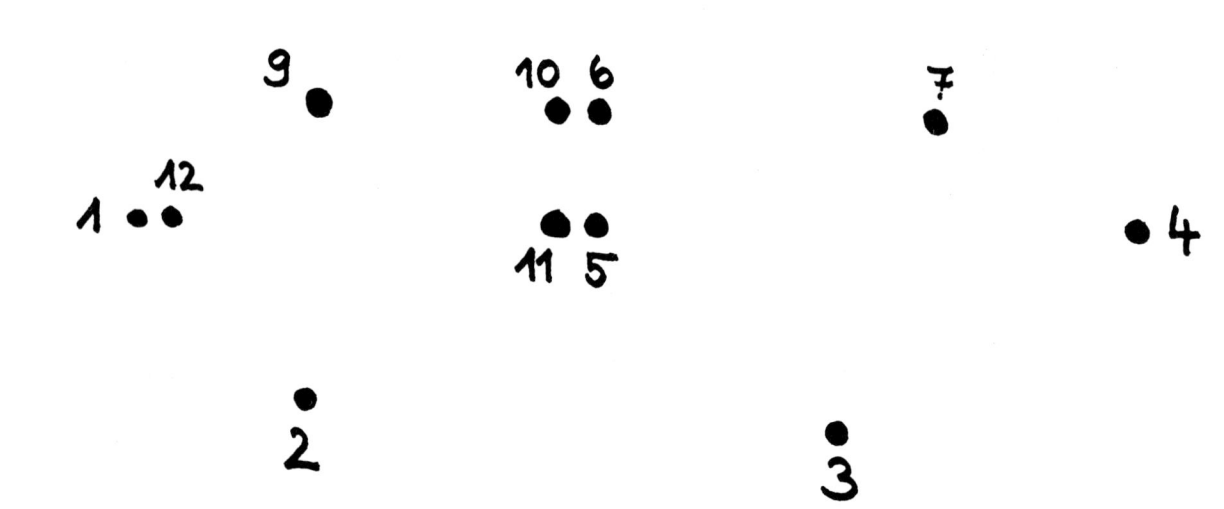

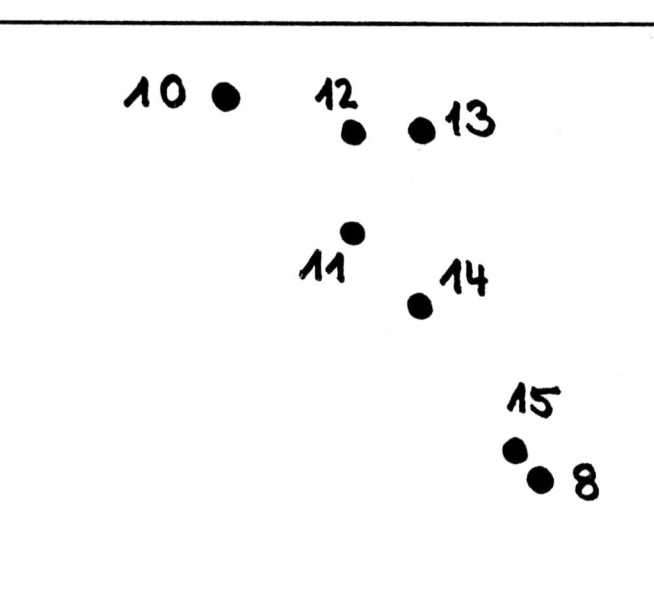

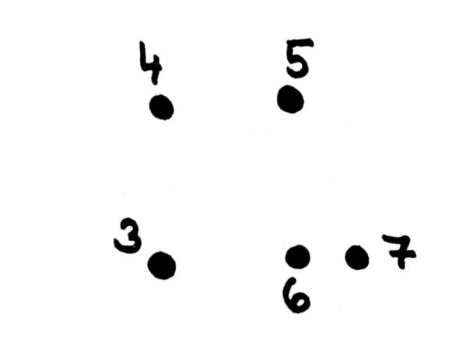

Kopiervorlage 4/4

78

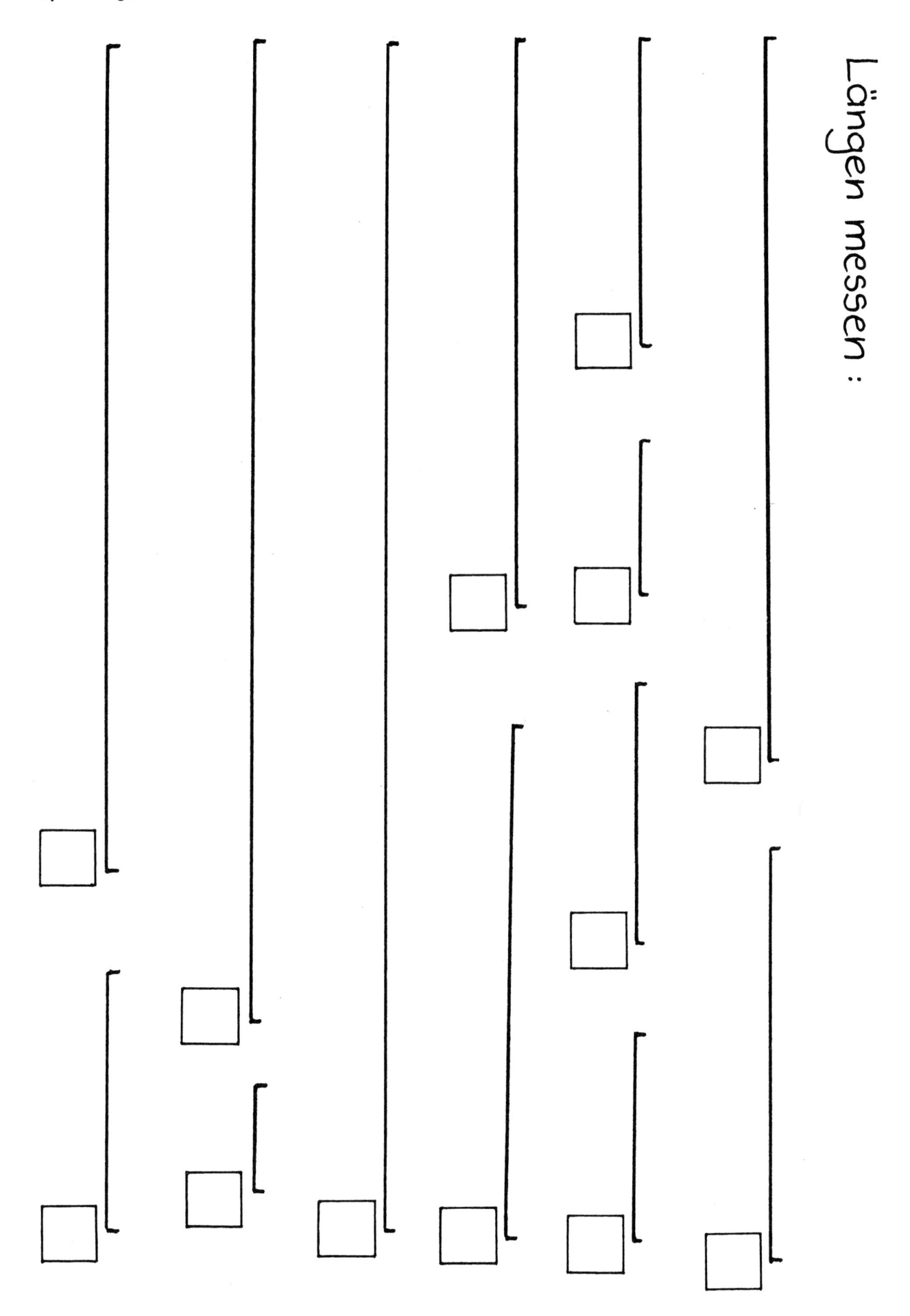

Kopiervorlage 4/5

Längen messen :

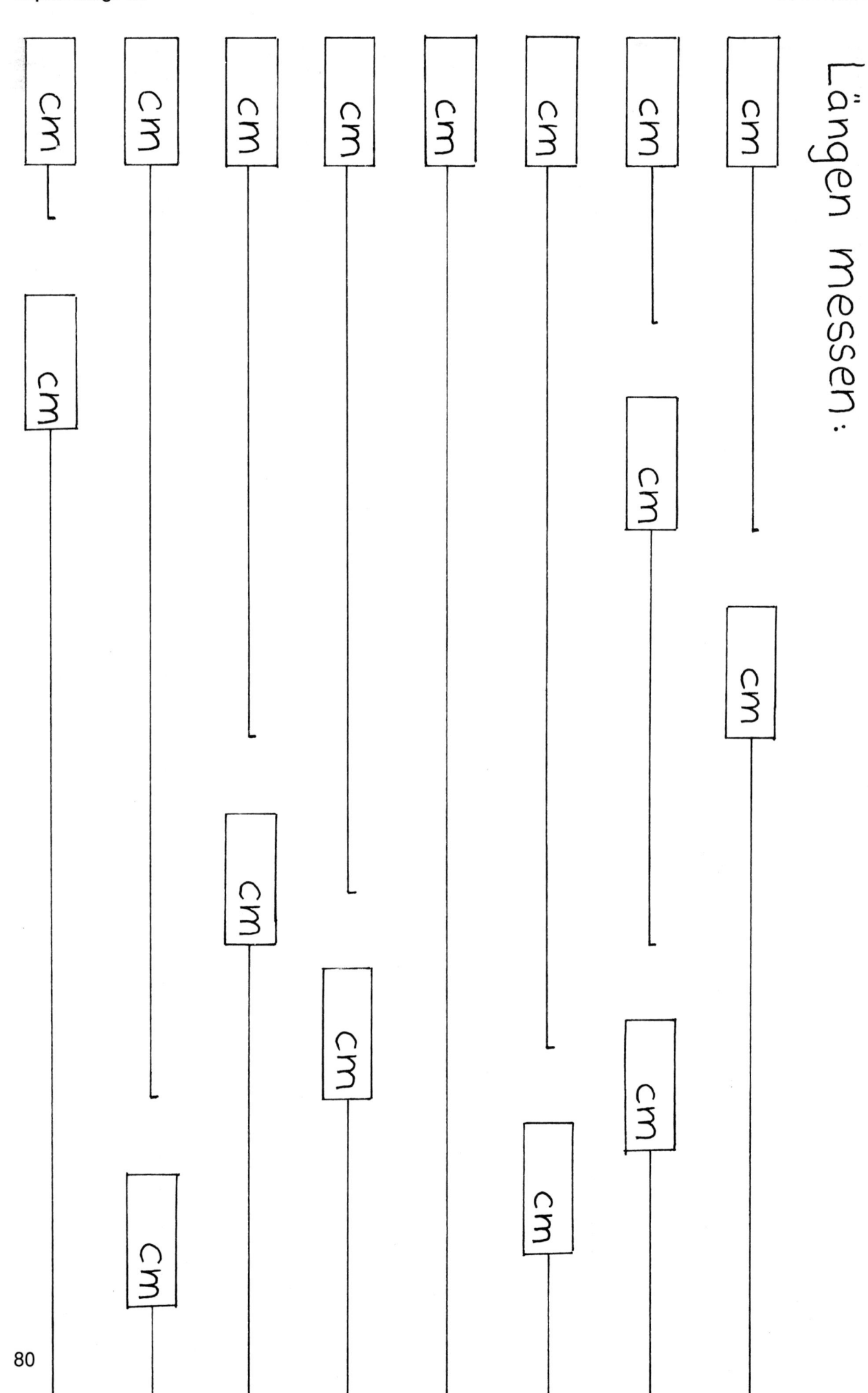

Kopiervorlage 4/6

Längen messen:

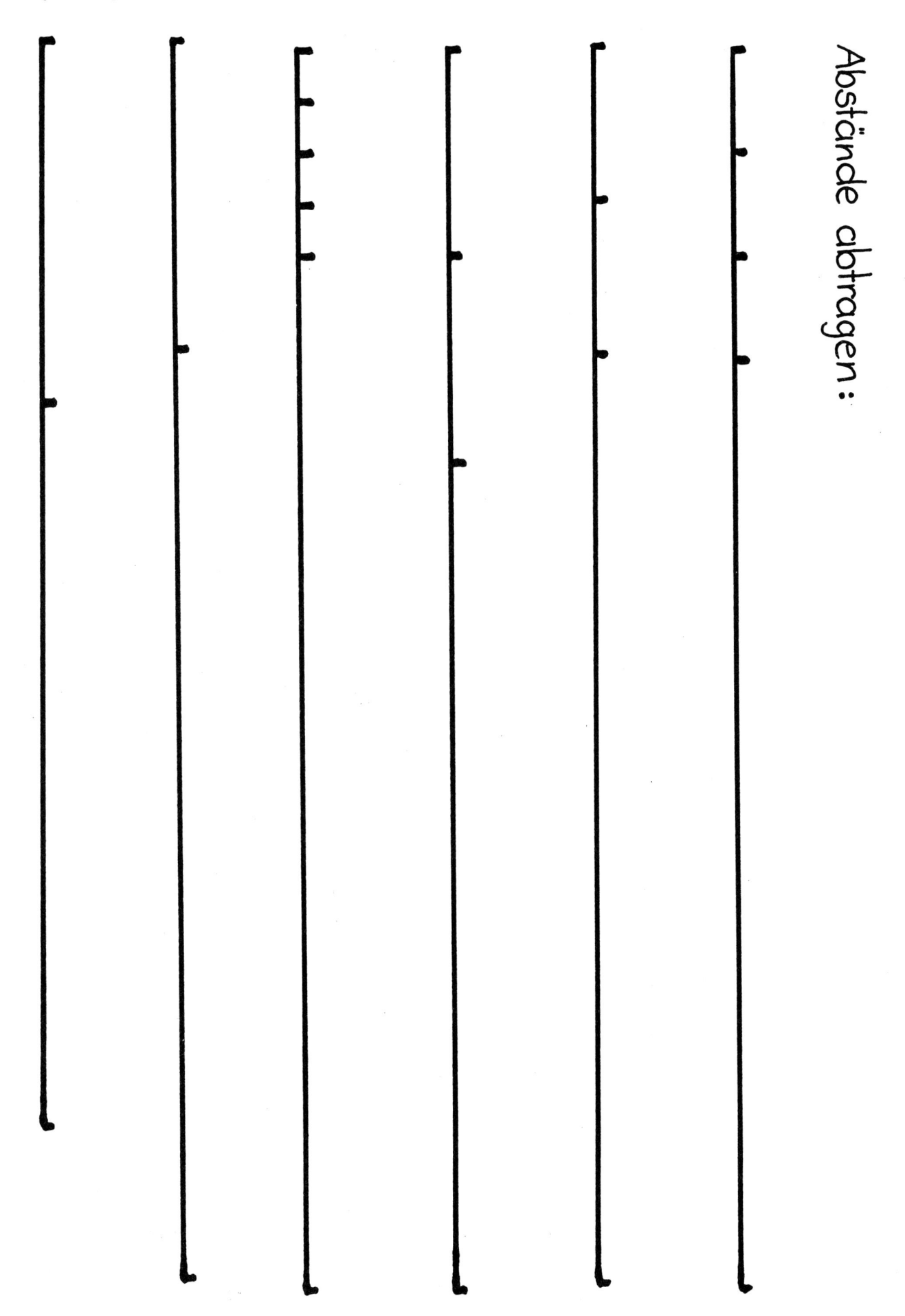

Kopiervorlage 4/7

Abstände abtragen:

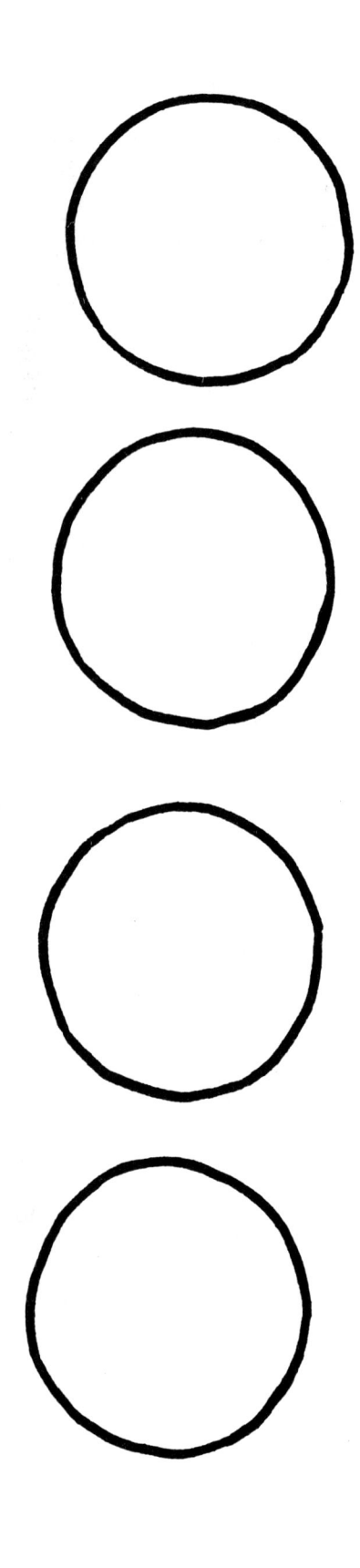

Kopiervorlage 4/8

→ 3 cm ↑ 4 cm → 2 cm ↓ 4 cm → 1 cm ↑ 2 cm ↓ 2 cm
↓ 5 cm → 4 cm → 9 cm ← 3 cm ↑ 6 cm ← 4 cm ↓ 6 cm
← 14 cm ↑ 5 cm

Kopiervorlage 4/9

Übungsreihen für Geistigbehinderte

◆ **Lehrgang A: Umgang mit Mengen, Zahlen und Größen**

Heft A1: Susanne Dank
Geistigbehinderte lernen die Uhr im Tagesablauf kennen
2. Aufl. 1991, 76 S., Format DIN A 4, geh
ISBN 3-8080-0207-7   Bestell-Nr. 3602, DM 18,80

Heft A3: Ursula Waskönig / Christiane Hardtung
Geistigbehinderte benutzen Hohlmaße
„Wir messen ab mit Löffel, Tasse und Meßbecher"
1994, 72 S. (davon 39 Kopiervorlagen), Format DIN A 4, geh, ISBN 3-8080-0305-7   Bestell-Nr. 3620, DM 24,80

Heft A5: Susanne Dank
Geistigbehinderte lernen den Umgang mit dem Längenmaß
1991, 84 S., Format DIN A 4, geh
ISBN 3-8080-0262-X   Bestell-Nr. 3609, DM 18,80

Heft A7: Sabine Heidjann
Geistigbehinderte lernen Möglichkeiten Freier Arbeit im Bereich UMZG kennen
1993, 68 S., Format DIN A4, geh
ISBN 3-8080-0280-8   Bestell-Nr. 3611, DM 19,80

Heft A8.1-A8.2: Franziska Reich
Anbahnung des Zahlbegriffs bei Geistigbehinderten:
Heft A8.1: **Theoretische Einführung**
1993, 40 S., Format DIN A4, geh
ISBN 3-8080-0288-3   Bestell-Nr. 3613, DM 19,80

Heft A8.2: **Geistigbehinderte lernen Voraussetzungen zum Zählen (Reihenbegriff und Zahlbegriff "1")**
1994, 44 S., Format DIN A 4, geh
ISBN 3-8080-0289-1   Bestell-Nr. 3614, DM 19,80
(Weitere Bände sind in Vorbereitung)

◆ **Lehrgang B: Sprache**

Heft B1: Susanne Dank
Geistigbehinderte lernen ihren Namen lesen und schreiben
2., verb. Aufl. 1992, 40 S., Format DIN A 4, geh,
ISBN 3-8080-0298-0   Bestell-Nr. 3601, DM 17,80

◆ **Lehrgang G: Sport**

Heft G1: Rudolf Lause
Geistigbehinderte erlernen das Schwimmen
2. Aufl. 1994, 52 S., Format DIN A 4, geh
ISBN 3-8080-0273-5   Bestell-Nr. 3610, DM 19,80

Heft G2: Rudolf Lause
Geistigbehinderte erleben das Wasser
1992, 40 S., Format DIN A 4, geh
ISBN 3-8080-0306-5   Bestell-Nr. 3621, DM 18,80

Heft G3: Rudolf Lause
Geistigbehinderte Schüler spielen ausgewählte Ballspiele
1994, 56 S., Format DIN A 4, geh
ISBN 3-8080-0327-8   Bestell-Nr. 3624, DM 19,80

◆ **Lehrgang D: Lebenspraktisches Training**

Heft D1: Susanne Dank
Geistigbehinderte pflegen ihren Körper
Fitneß-Training / Hygiene / Herstellung von Kosmetika
2., verb. Aufl. 1993, 79 S., Format DIN A 4, geh,
ISBN 3-8080-0303-0   Bestell-Nr. 3603, DM 19,80

◆ **Lehrgang F: Wahrnehmungsförderung**

Heft F1-F5: Anneliese Berres-Weber
Geistigbehinderte üben kognitive Fähigkeiten und Fertigkeiten:

Heft F1: **Einführung zu den Formen Kreis und Dreieck**
1991, 43 S., Format DIN A 4, geh
ISBN 3-8080-0245-X   Bestell-Nr. 3604, DM 17,80

Heft F2: **Arbeitsmaterial zu Kreis und Dreieck**
1991, 140 Blatt, Format DIN A 4, Block
ISBN 3-8080-0246-8   Bestell-Nr. 3605, DM 24,80

Heft F3: **Einführung zu den Formen Quadrat und Rechteck**
1992, 64 S., Format DIN A 4, geh
ISBN 3-8080-0247-6   Bestell-Nr. 3606, DM 17,80

Heft F4: **Arbeitsmaterial zum Quadrat**
1992, 124 Blatt, Format DIN A 4, Block
ISBN 3-8080-0248-4   Bestell-Nr. 3607, DM 24,80

Heft F5: **Arbeitsmaterial zum Rechteck**
1992, 132 Blatt, Format DIN A4, Block
ISBN 3-8080-0249-2   Bestell-Nr. 3608, DM 24,80

◆ **Lehrgang H:**
Heft H4: Ute Schimpke
Ganzheitlicher Anfangsunterricht
„Wir werden ein Abenteuerzirkus – Wir bauen eine Insel – Wir bauen einen Spielplatz"
1994, 44 S., Format DIN A 4, geh
ISBN 3-8080-0322-7   Bestell-Nr. 3623, DM 19,80

Weitere Titel sind in Vorbereitung. Bitte lassen Sie sich in unsere Kundendatei aufnehmen.
Sie werden zweimal jährlich kostenlos über unsere Neuerscheinungen informiert.

verlag modernes lernen - Dortmund
Hohe Straße 39 · D-44139 Dortmund ☎ 12 80 08 FAX (02 31) 12 56 40